좋은 법을 만들고

모두가 잘 지키면

세상이 깨끗진다.

차관 박일환

슬기로운 생활법률

EBS·클래스ⓔ 라이프

대법관 출신 유튜버 1호 박일환 변호사의

슬기로운
생활
법률

박일환 지음

EBS
BOOKS

2장 나의 권리는 소중하다

3장 보이지 않는 공간에도 법이 적용된다

4장 법도 시대에 따라 변한다

우리의 삶에는 법이 필요하다

'법 없이 살 수 있는 사람'이라는 말은 법률을 위반하지 않고도 잘 살 수 있는 사람을 뜻합니다. 반대로 '법은 멀고 주먹은 가깝다'는 속 담은 언제든 불법을 저지르는 사람을 만나 피해를 볼 수 있다는 뜻입니 다. 법에 관련한 두 이야기가 대척점에 있는 셈입니다. 이처럼 법을 토대 로 한 속담은 긍정과 부정 모두를 담고 있습니다. 법 없이 살 수 있는 사 람이 법보다 주먹이 가까운 사람을 만나 곤란해지는 경우도 있습니다. 따라서 모두가 공정해지기 위해 법이 필요합니다.

또한 법이 우리에게 어떤 모습으로 다가오는지 생각해보고자 합니다. 법은 사회의 변화에 따라 끊임없이 모습을 바꾸어야 생명력을 유지할 수 있고 또 그렇게 모습을 바꾸며 생명력을 지녀왔습니다. 그러나 법이 그 모습을 너무 자주 바꾸면 질서유지라는 본연의 역할을 할 수 없게 되기에 자연스럽게 보수적인 면을 지닐 수밖에 없습니다. 그렇게 새로운 시대에 맞춰 형태를 변화하면서도 쉽사리 움직이지 않는 법은 우리 생활에 질서를 가져다주는 지혜의 산물입니다.

우리나라는 20세기부터 급속한 발전을 이루었고 법의 세계도 이에 따라 큰 변화가 있었습니다. 민법의 기본법인 친족상속법은 시대 변화에 맞춰 500년 전통을 거의 무너뜨렸습니다. 기성세대가 새로운 가족관계에 적응하기조차 어려울 정도로 우리 생활은 법과 함께 변하고 있습니다. 사회가 변하면서 법도 변했지만 동시에 법이 변하면서 사회가 발전하고 있습니다.

50년 전 법과대학에 입학한 이래 지금까지 법조계에서 일하면서 형사사건에서 민사사건에 이르기까지 다양한 법적 분쟁을 살피는 동안 저는 의문이 들었습니다. 과연 법이란 무엇일까요? 전문가라고 할 수 있는 저역시 그러한데 법이 어렵다고 느끼는 일반인이라면 법이 더욱 멀고 모호하게 느껴질 수 있습니다. 그래서 이 책에서 여러 사례를 통해 법이 어떤식으로 변화했는지 살펴보면서 법을 조금 더 가깝게 대할 수 있도록 돕고자 합니다.

게다가 세상이 빠르게 발전하면서 법이 세상의 발전 양상을 따라가지 못하는 경우도 있습니다. 이러한 변화는 소송 현실에도 그대로 나타나고 있습니다. 양적 성장을 통해 발전하는 과정에서는 기성세대의 경험이 후

배들에게 귀감이 되었지만 이제 사회 변화에 둔감한 기성세대는 제대로 역할을 하지 못하는 시대를 만나게 되었습니다. 예전에 소송의 대부분을 차지했던 부동산 등기나 어음 사건, 산재 사고나 교통사고 등은 거의 자취를 감추었습니다. 그 대신 저작권이나 특허, 인수합병, IT 사건 등 이전에는 거의 없었던 종류의 분쟁이 상당히 빠른 기간 내 등장했습니다. 다행히 젊은 법조인이 많이 배출되어 이러한 사건을 외국에 비추어 손색없이 처리하는 것을 보고 우리 법조인의 노력에 감탄하기도 합니다.

이 책에서는 우리 삶에서 한 번쯤 들여다보게 되는 일상생활 속의 법 이야기를 나눕니다. 상속과 관습법을 시작으로 알아두면 좋을 계약과 권리를 소개하고자 합니다. 마지막으로는 법이 시대에 따라 어떤 식으로 변화했고 앞으로 어떤 방향으로 나아가야 하는지 살펴봅니다. 법은 이처럼 고정되어 있지 않으며 우리의 변화 속도에 발맞춰 천천히 변화하고 있습니다.

이 책에서는 특히 우리나라의 민법 중 변화가 많은 친족 상속 분야, 지적재산권 분야, SNS에서 일어나는 명예범죄, 앞으로 더욱 관심을 보여야 할 형사재판이나 헌법재판 그리고 시급히 해결해야 할 심급 체계 등에 대해서도 다루어보고자 합니다. 책을 다 읽고 나면 법에 관련한 기본적인 생각은 정리되리라 생각합니다.

우리는 살아가는 동안 여러 법률문제에 부딪히게 됩니다. 따라서 법률로 해결해야 하는 문제가 일어났을 때 법원에서는 어떤 판단을 내리는지 살펴보고 이에 대해 함께 고민해보고자 합니다. 저는 법에 관련한 실제

사례를 소개하고자 유튜브를 시작했고, EBS 〈클래스ⓒ〉에서도 강연을 하게 되었습니다. 이 책에서는 강연 내용을 바탕으로 시간상 소개하지 못했던 이야기를 더 깊이 다루고자 합니다. 또한 일반적으로는 잘 다루지 못하는 내용을 다양하게 살펴보려 합니다. 여러분이 생활 속에서 법률문제에 부딪힐 때 이 책에서 전하는 지식들이 조금이나마 도움이 되기를 바랍니다.

일러두기

• 본문의 법 조항은 국가법령정보센터(www.law.go.kr)에서 인용했습니다.

1장

법 너머에 삶이 있다

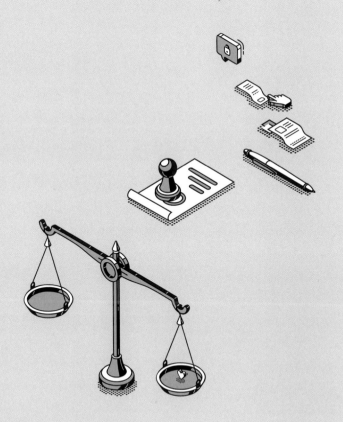

01

부모의 빚도
상속된다

요즘 금수저나 흙수저 같은 신조어를 비롯해 아빠 찬스, 엄마 찬스 같은 단어도 자주 들을 수 있습니다. 이런 단어들은 법률적으로 따지면 상속이나 세습과 연결되어 있습니다. 상속이나 세습은 인류 역사상 대대로 내려오는 사회제도로 완전한 이상형이 있는 것이 아닙니다.

세습은 신분이 나뉘어 있던 사회에 있던 제도였으므로 이제는 없어졌습니다. 그러나 상속의 경우 없애는 것만이 능사는 아니라고 봤습니다. 상속은 일정 부분 사회의 동력이 된다고 보아 현대사회에서는 상속을 인정하고 있습니다. 다만 옛날의 가족공동체 문화에서 19세기 이후 개인주의가 강화되는 사회로 변화하는 과정에서 시대에 따라 상속 방식이 변해왔습니다.

재산에도 종류가 있다

최근 언론 보도를 보면 부모에게 빚이 있는 경우 채권자들이 부모에게 돈을 받지 못해 자녀들에게 대신 갚으라고 압박하는 경우를 종종 보게 됩니다. 채무자 또는 그 자녀가 유명한 연예인이거나 공인인 경우, 채권자들이 채무 관련 내용을 언론에 흘리거나 여론에 호소하는 경우도 있습니다. 자녀 입장에서는 부모가 진 빚까지 자신이 갚아야 하는 것이 억울하다고 느껴 항변하는 경우도 생깁니다. 때로는 채무자 자녀의 태도가 옳은지 채권자의 태도가 옳은지 애매할 때도 있습니다.

흔히 상속이라고 하면 재산을 받는 것만 생각하기 쉽지만 실제로는 재산과 빚을 동시에 상속하게 됩니다. 회계학적으로는 적극재산과 소극재산이 포괄적으로 동시에 오는 것이어서 '재산만 받고 빚은 안 받는다'는 조건은 성립되지 않습니다. 우리나라의 관례에 따르면 한 집안의 문제는 그 집안 구성원이 다 같이 해결해야 했으므로 아버지가 빚을 진 채로 사망하면 자식들이 아버지의 빚을 갚아야 했습니다. 자녀가 빚을 갚지 못해 노비가 되는 경우도 있었습니다. 이런 규범은 봉건시대에는 당연한 사회질서였습니다.

이제는 부모의 빚이 무조건 자녀에게 곧바로 넘어가는 것은 허용되지 않습니다. 법을 통해 상속을 할 수도 있고 하지 않아도 됩니다. 즉, 상속을 선택할 자유를 상속자에게 주고 있습니다. 다만 세부 항목을 하나하나 따져서 상속할 것과 하지 않을 것을 고르는 것이 아니라 전체적으로 상속을 할 것인지 아닌지만 결정합니다.

우리나라 민법이 처음에 만들어지던 1960년대에는 상속의 유형을 세 가지로 정했습니다. 상속을 포기할 수도 있었고, 아버지가 준 재산 범위 내에서만 빚을 갚겠다고 할 수도 있었고, 상속인이 전부를 상속하겠다고 할 수도 있었습니다. 민법이 시행된 지는 오래되지 않았습니다만 당시에는 자녀가 아버지의 빚을 갚지 않는 것은 불효라고 여겼기 때문에 아버지의 빚도 능력이 되면 자녀가 대신 갚으려던 사회 분위기가 있었습니다.

그러다 1980년대 이후부터는 '왜 내가 아버지의 빚까지 갚아야 할까?'라고 의문을 제기하는 사람들이 생겨나기 시작했습니다. 이에 민법을 살펴보니 상속포기 또는 상속승인을 하려면 기간 제한이 있었습니다. 아버지가 남긴 재산 범위 내에서만 자녀가 빚을 갚겠다고 하면 이를 '한정해서 승인한다'는 뜻의 '한정승인'이라고 부르는데 그 결정 기간이 3개월이었습니다.

그런데 이 3개월의 기산점(起算點)이 상속이 개시된 때로부터입니다.

◆

적극재산
토지, 예금 등과 같이 금전적인 가치가 있는 재산.

소극재산
재산의 한 부분으로서의 빚.

부모의 빚도 상속된다 ──◆

즉, 상속 개시는 사망한 때부터 개시됩니다. 그런데 자녀들은 아버지가 어떻게 살아왔는지, 어느 정도의 재산을 보유했는지 정확히 모르는 경우가 많습니다. 그래서 아버지가 사망하고 한참 후에 은행에서 갑자기 아버지가 진 빚을 갚으라는 청구서를 받는 경우도 있었고, 아버지가 사망하고 한참 뒤에 채권자들이 아버지가 준 차용증서를 자녀에게 들고 와 사망한 아버지 대신 갚으라고 하는 경우가 종종 발생했습니다.

그러나 그때는 이미 아버지가 사망한 지 3개월이 지나버린 경우가 많았습니다. 결국 법은 있지만 아무 쓸모가 없는 데다 유용하지 않아서 논란이 불거지기 시작했습니다. 법은 법문상 명백하기 때문에 해결 방법이

◆

• 승인, 포기의 기간

민법 제1019조

1. 상속인은 상속개시 있음을 안 날로부터 3월 내에 단순승인이나 한정승인 또는 포기를 할 수 있다. 그러나 그 기간은 이해관계인 또는 검사의 청구에 의하여 가정법원이 이를 연장할 수 있다.
2. 상속인은 제1항의 승인 또는 포기를 하기 전에 상속재산을 조사할 수 있다.
3. 제1항의 규정에 불구하고 상속인은 상속채무가 상속재산을 초과하는 사실을 중대한 과실없이 제1항의 기간 내에 알지 못하고 단순승인(제1026조제1호 및 제2호의 규정에 의하여 단순승인한 것으로 보는 경우를 포함한다)을 한 경우에는 그 사실을 안 날부터 3월 내에 한정승인을 할 수 있다.

없으므로 법을 고치는 게 옳다고 생각한 사람들이 헌법재판소에 위헌 제청을 했습니다. 결국 헌법재판소에서는 이 조항이 위헌이라고 보았고 이후 국회에서 법을 고쳤습니다. 결국 빚이 있는 것을 중과실 없이 모를 때는 알게 된 시점부터 3개월 안에 결정하는 것으로 변경되었습니다.

상속인이 한정승인을 하려면 피상속인의 관할 가정법원에 한정승인 신청을 해야 합니다. 신청서에는 신청인과 피상속인을 표시하고 피상속인의 재산 목록을 첨부하게 됩니다. 가정법원이 이를 수리해도 확정적인 효력이 생기는 것은 아니며, 피상속인의 채권자와 상속인 사이의 재판에서 확정적인 판단이 나게 됩니다. 피상속인의 채권자가 이행소송을 제기하면 채권액이 한정승인액으로 줄어드는 것은 아니고 다만 그 채권으로 집행할 재산이 한정승인된 피상속인의 재산 범위 내로 한정되게 합니다. 즉, 상속인은 상속받은 재산 범위 내에서 채무액을 지급하라는 판결이 나게 됩니다.

이와 같이 법률이 개정된 이후로는 한정승인 제도를 많이 이용하고 있습니다. 바뀐 제도에 따르면 상속 포기도 가능하고 한정승인도 가능한데 만약 첫 상속 대상이 상속을 포기하게 되면 관련 내용이 그다음 상속자에게 넘어갑니다. 예를 들어, 상속 대상 1순위인 아들이 상속을 포기하면 상속 순서에 따라 손자에게 넘어갈 수 있고 손자가 없으면 사망자의 형제에게 넘어갈 수 있습니다. 그런데 이 방식을 사용하다 보니 그다음 순위의 상속인이 계속 상속을 포기해야 해서 번거로워진다는 것을 알게 되어 지금은 한정승인을 합니다. 즉, 첫 번째 상속자가 재산과 빚 모두를 받을지 말지를 결정하는 것입니다. 예를 들어, 아버지의 재산은 5,000만 원인데 빚이 8,000만 원이라면 5,000만 원을 상속한 다음 8,000만 원을 비율대로 갚고 상속을 마무리하면 됩니다. 이 방식이 더 간편해서 대부분 상속 포기보다 한정승인을 하는 쪽을 선택하고 있고, 실제로도 이런 사례가 많이 생기고 있습니다.

그런데 아버지의 빚 중에서도 애매한 것들이 있습니다. 아버지가 가족을 부양하고 있는데 대학에 입학한 성인 자녀의 등록금이 부족했다고 가정해봅시다. 아버지는 고민하다 자신의 친구에게 자녀의 등록금을 빌립니다. 그러면 이것은 아버지의 빚인지 자녀의 빚인지 애매합니다. 돈을 빌려주는 사람도 "아버지인 당신이 빚을 못 갚으면 당신의 자녀가 대학을 졸업한 후에 대신 갚을 것인지"를 물어볼 수 있습니다. 아예 차용증에 자녀를 보증인으로 세우라고 요구할 수도 있습니다. 자녀 입장에서는 자신의 대학 등록금이므로 자신이 갚아야 할 빚이기도 합니다. 국가에서 학자금 대출을 받아도 본인이 갚아야 하기 때문입니다. 이렇게 부모의 빚도 부모의 사업상 빚과 가족 공동체의 빚은 구분합니다.

부부의 경우는 조금 다릅니다. 만약 배우자가 생활비로 돈을 빌린 경우, 가정생활에 쓰는 돈은 부부가 연대책임을 지도록 법률로 규정하고 있습니다. 다만 부모가 자식을 위해 빚을 졌을 때에는 좀 다르게 해석합니다. 부모와 자식 간에 연대책임을 지우는 법률 규정은 없습니다.

예전에는 배우자에게 상속을 하지 않았다

상속 중에서 제일 중요한 것이 배우자 상속입니다. 지금은 배우자 상속을 당연하게 받아들이고 있지만 사실 과거 우리나라의 상속은 혈연관계여야 가능했습니다. 그런데 배우자는 무촌이라 부르는, 촌수가 없는 관계입니다. 인척도 아니고, 친척도 아니고, 혈족도 아닌 특수한 신분인 배우자를 상속에서 다루는 방식은 시대에 따라 변해왔습니다.

조선시대에는 배우자에게 상속을 하지 않았습니다. 그러나 당시에는 효(孝) 개념이 강해서 자녀가 어머니를 잘못 모시는 것을 큰 불효로 여겼기에 배우자가 남편의 재산을 상속하지 않더라도 큰 문제가 없었습니다. 그러나 1945년 해방 이후 민법을 새로 만들면서 상황이 달라졌습니다. 상속은 관습이 중요한 만큼 관습을 고려해 법을 만들어왔는데 배우자는 이제껏 상속을 해오지 않았으므로 이를 어떻게 바라볼 것인지를 두고 논쟁하게 되었습니다. 당시만 해도 시집 간 딸은 출가외인으로 여겨 남편이 사망해도 친정으로 돌아가기가 쉽지 않았습니다. 남편의 사망 후 자녀가 있으면 자녀의 상속을 관리하며 살았지만, 자녀가 없는 경우라면 배우자는 시집에서 아무것도 보장받지 못하는 지위에 놓이게 되었습니다.

그래서 사망자의 아내이자 시집 온 집안의 며느리인 배우자를 보호하자는 취지에서 민법에 특별 규정을 두었습니다. 상속 순위는 1순위, 2순위, 3순위, 4순위로 나눌 수 있습니다. 사망한 사람을 기준으로 1순위는 직계비속(直系卑屬)으로 자신으로부터 출생된 친족입니다. 아들, 딸, 손자, 손녀가 여기에 속합니다. 2순위는 직계존속(直系尊屬)으로 직계비속에 상대되는 개념입니다. 본인을 출생하게 한 가족으로 아버지, 어머니, 할아버지, 할머니를 뜻합니다. 3순위는 형제자매입니다. 4순위는 방계혈족(傍系血族)으로 삼촌, 사촌 등이 여기에 속합니다. 1순위, 2순위, 3순위, 4순위는 겹치지 않습니다. 1순위가 없을 경우 2순위로 가고, 2순위가 없어야 3순위에 가고, 3순위가 없어야 4순위에 가고, 4순위까지 없으면 국고로 환수됩니다. 그러나 배우자(처)는 상속 순위 안에 없었습니다.

이에 특별 규정을 만들어 1순위가 있는 경우에는 1순위와 공동상속, 1순위가 없으면(아들이나 딸이 없으면) 시아버지, 시어머니가 그다음 순서이므로 직계존속과 공동상속하게 됩니다. 3순위까지는 해당이 없으므로

상속 순위

순위	상속인	
1	직계비속(자녀, 손자 등)	배우자
2	직계존속(부모, 조부모 등)	배우자
3	형제자매	
4	4촌 이내의 방계혈족(삼촌, 고모, 이모 등)	

직계비속과 직계존속이 없는 경우에는 배우자가 단독으로 상속하게 됩니다. 이렇게 특수한 조문을 따로 만들었습니다.

상속 순위는 이와 같이 정해졌지만 각자 가져가는 몫의 세부 내용은 달랐습니다. 민법이 시행된 1960년경 여성은 남성의 반 정도를 상속했습니다. 아내도 여성이므로 자녀가 아들인 경우 상속분의 반밖에 못 받았습니다. 아들이 3명이면 아들들은 각각 1, 1, 1을 받게 되고, 아내는 그 2분의 1을 상속했습니다. 전체로 따져보면 아내는 전체 재산의 7분의 1만 상속하게 됩니다. 그런데 아들이 또 호주상속하면 그 아들은 1과 2분의 1을 가져가게 되어 어머니보다 맏아들이 3배를 상속받게 되었습니다. 호주상속은 호주상속인을 큰아들로 하는 상속 형

◆

• 배우자의 상속 순위

민법 제1003조

1. 피상속인의 배우자는 제1000조제1항제1호와 제2호의 규정에 의한 상속인이 있는 경우에는 그 상속인과 동순위로 공동상속인이 되고 그 상속인이 없는 때에는 단독상속인이 된다.
2. 제1001조의 경우에 상속개시 전에 사망 또는 결격된 자의 배우자는 동조의 규정에 의한 상속인과 동순위로 공동상속인이 되고 그 상속인이 없는 때에는 단독상속인이 된다.

태였으나 이 조항은 2005년 3월 폐지되었습니다(984조 1호, 985조 2항).

이런 제도가 이어지다 보니 어째서 배우자가 아들보다 대우받지 못하는지를 두고 논란이 일어 결국 법을 바꾸게 되었습니다. 1979년 1월 6일부터는 배우자가 1과 2분의 1을 상속하게 되었습니다. 그렇게 배우자의 지위가 올라갔고 1990년 이후 남녀평등에 발맞추어 가족법을 대대적으로 손보았습니다.

1991년 1월 1일부터 바뀐 가족법에서는 딸과 아들의 지위가 상속에서 같아졌습니다. 그리고 며느리와 사위도 같은 지위가 되어 처의 상속이 아닌 '배우자의 상속'이라는 조문을 만들었습니다. 그래서 사위와 며느리도 같이 대우해주게 되었습니다. 사실 우리나라 관습에서는 '사위는 상처(喪妻)하면 재혼할 수 있으므로 배우자가 사망한 후에 처갓집 재산을 사위가 상속한다' 같은 관념이 없을 때였습니다. 민법 제정 당시, 며느리는 남편이 사망하더라도 시집을 떠나지 않고 시댁에서 사는 경우가 많았기 때문에 특별하게 상속을 인정받았습니다. 그러나 사위의 경우 배우자를 잃고 나서 재혼을 하면 처가와는 인연이 끊기는 게 당연하다 생각해 따로 상속을 인정하지 않았던 것입니다. 그러나 이렇게 기계적으로 법을 고쳐놓았습니다.

그런데 당시 큰 사고가 하나 발생했습니다. 1997년 8월, 괌으로 향하던 항공기가 추락했습니다. 그때 한 일가족이 그 비행기에 타고 있었습니다. 안타까운 사고로 인해 부부, 그 부부의 아들 부부, 딸, 외손자, 친손자가 다 사망했습니다. 당시 사위만 한국에 남아 있었습니다. 상속법을 따져보니 그 사위가 상속인이 되었습니다. 법이 고쳐지기 전이었다면 그 사위는 상속 대상이 아니었고, 그 사망자의 형제들이 3순위로 상속하게 되었을 것입니다. 당시 사망자가 큰 그룹의 회장이었기에 그 회장의 형제들이 사위가 그 많은 재산을 단독 상속하는 것은 있을 수 없는 일이라며 소송을 제기했습니다.

여기서 묘한 상황이 발생했습니다. 상속은 사망 시점이 중요합니다. 누군가가 사망하면 법이 정한 순서에 따라 그다음 사람이 상속하고, 그렇게 상속받은 사람이 사망하면 또 법에 따라 그다음 상속 순서가 결정됩니다. 그러나 이 경우에는 동시에 사망했기 때문에 사망 시점을 논할

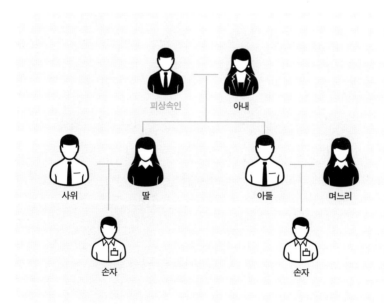

부모의 빚도 상속된다 ──◆

수 없습니다. 즉, 누가 먼저 사망했는지 알 수가 없습니다. 이런 경우 민법에는 '동시에 사망한 것으로 추정한다'고 판단합니다. 추정이므로 구조했을 당시 한 시간이라도 더 살아 있었으면 되는데 보통 그런 경우는 없습니다. 당시 회장의 형제자매들은 피상속인이 사망한 당시에 딸이 살아 있었으면 딸이 상속하고, 또 딸이 사망한 다음 배우자가 상속하는 것은 맞다고 했습니다.

딸이 먼저 사망한 뒤 딸의 아버지가 사망하면 딸은 (사망해서) 없지만 딸의 가족은 딸을 대신해서 상속한다는 대습상속(代襲相續)이 되는데 이것도 괜찮다고 봤습니다. 그러나 동시 사망한 경우에는 그에 관련한 규정이 없고, 규정이 없으므로 상속권이 없다고 주장했습니다. 억지스러워 보이는 주장이기는 했으나 당시에는 규정이 없었습니다. 대법원에서는 먼저 사망해도 상속을 하고 늦게 사망해도 상속을 하는데 동시에 사망했다고 상속을 못 하는 건 논리적이지 않다고 판단해 최종적으로는 사위가 승소했습니다.

당시에는 아주 큰 사건이었고, 그 사건 이후에는 이 경우처럼 문제가 된 사건은 없습니다. 법이 개정되면서 마침 이런 사건이 있었고, 사람들이 관습과 법을 다르게 인식하고 있을 때 일어난 일이라 관심이 높았습니다.

가족법이 개정되면서 계모(새어머니) 문제도 발생했습니다. 지금까지는 계모를 어머니로 받아들이는 것이 관습이었는데 가족법이 개정되어 어머니가 아니게 된 것입니다. 계모는 어머니가 아니라 아버지의 배우자입니다. 그런데 아버지의 배우자면서 어머니는 아닌 신분이 되었습니다. 따라서 계모라는 용어가 법적인 지위와는 맞지 않았습니다. 우리의 통념으로는 계모가 어머니인데, 어머니가 아니라는 게 무슨 소리인가 싶을 수 있습니다. 그러나 새로운 가족법에 의하면 계모는 어머니가 아닙니다. 민법에서도 1990년에 삭제되었습니다.

옛날에는 계모도 어머니의 지위를 인정받았습니다. 그래서 계모가 사망하면 계모의 재산을 전처 소생의 자녀도 상속했습니다. 또 자기 소생의 자녀가 있으면 같이 상속했습니다. 아버지는 다를 수 있지만 같이 어

◆ 모(母)와 자기의 출생 아닌 자에 관한 경과조치

민법 부칙 제4조(법률 제4199호)
이 법 시행일 전에 발생한 전처의 출생자와 계모 및 그 혈족, 인척 사이의 친족관계와 혼인 외의 출생자와 부의 배우자 및 그 혈족, 인척 사이의 친족관계는 이 법 시행일부터 소멸한다.

머니를 모시는 것으로 보았기 때문입니다. 그러나 가족법이 바뀌면서 아버지가 사망한 후 계모는 배우자로서는 상속을 받으나 계모가 사망하면 그 재산은 아버지가 계모에게 상속한 것이므로 자녀(전처 소생의 자녀)에게는 가지 않습니다. 즉, 계모의 자녀에게는 상속이 가능하지만 전처 소생의 자녀는 계모의 사망 후에는 상속받지 못합니다.

다른 자식이 없는 경우에는 계모의 형제자매나 부모에게, 즉 계모의 친정으로 돌아가게 됩니다. 사돈이 자기 아버지 재산을 상속받게 되는 형태입니다. 원래 이 집에 있던 아버지의 재산을 계모에게 상속하게 되면 그 이후에는 남에게 상속하는 형태가 되어서 자식들 입장에서는 아버지가 재혼하면 큰일인 겁니다. 그래서 전처 소생 자녀가 재혼을 가장 반대하게 되는 상황이 벌어지기도 합니다.

그럼 재혼 시 가족의 반대를 극복하는 방법이 없을까 궁리하다 미리 재산을 정리해 나눠주는 경우를 생각했습니다. 아버지가 자녀들을 불러 재산을 미리 나누어주고 남은 것만 가지고 살겠다고 하면 여기에 또 하

• 유류분 제도

상속재산 가운데, 상속을 받은 사람이 마음대로 처리하지 못하고 일정한 상속인을 위하여 법률상 반드시 남겨두어야 하는 일정 부분.

나의 장애물이 있습니다. 바로 유류분(遺留分) 제도입니다.

유류분권 또는 유류분 권리자로서의 지위는 피상속인이 사망해 상속이 개시되는 시점에 비로소 발생합니다. 그러므로 유류분을 산정할 때 그 기초가 되는 재산의 평가 시기를 미리 일률적으로 정해놓아야 수증자(受贈者)나 유류분 권리자도 불안정을 해소할 수 있고 재산분할 시 혼란을 방지할 수 있습니다. 피상속인이 생전에 여러 사람에게 증여한 경우 증여한 재산의 종류도 다를 수 있고 시기도 다르기 때문에 이를 합리적으로 조정하기 위해 법에서는 상속개시 시점을 기준으로 평가하도록 규정하고 있습니다. 부동산은 증여할 때가 아닌 상속개시 시점을 기준으로 평가하고, 현금은 물가 수준을 감안해 상속개시 당시의 금액으로 다시 산정합니다.

그리고 특별수익을 받은 수증자나 공동상속인이 그 목적물을 처분한 경우나 국가에 수용된 경우에도 당시 가액으로 계산하지 않고 상속개시 시점으로 평가해 계산합니다. 이 경우 처분 시의 금액에 그 뒤 물가 수준을 감안해 계산하는 것이 합리적이라고 생각할 수도 있지만 헌법재판소에서는 처분하지 않은 사람과의 형평성을 고려해 상속개시 시점으로 평가하는 것이 기본권을 침해하지 않는다고 결정했습니다.

아버지가 상속지분을 침범해 자신의 재산을 남에게 줄 수도 있습니다. 자녀가 상속받아야 하는 재산을 부모가 다른 곳에 주고 나면 사망 후 상속분을 나눌 때 분쟁이 일어날 수 있습니다. 자녀와 배우자의 경우, 유류분 제도를 통해 상속지분의 절반은 찾아올 수 있도록 법률로 규정하고 있습니다. 그 밖의 직계존속이나 형제자매의 경우에는 3분의 1만 찾아올 수 있습니다.

민법에서는 유류분을 사망할 당시로 규정하고 있고 타인에게 준 것은 1년까지만 소급해 적용합니다. 그러나 같은 상속인끼리는 기간 제한이 없습니다. 옛날에 준 재산도 유류분 계산을 할 때는 현재 물가에 맞춰 다시 계산해야 합니다. 아버지가 재혼하기 전에 재산을 정리했더라도 계모가 새로 계산하자고 하면 예전에 자녀들이 받은 것도 전부 다시 포함해 유류분을 계산해야 합니다. 그래서 정확한 금액을 산정하기가 어렵습니다. 아버지가 계모와 재혼하기 전에 자식에게 증여한 재산을 포함할 것인지 여부에 대해서는 대법원 판례까지는 나오지 않았고 하급심에서는 포함시켜야 한다는 판결이 나왔습니다.

입양의 경우도 생각해봐야 합니다. 입양하기 전에 다른 사람에게 증여한 부분이나, 나이 차이가 많이 나는 형제들은 미리 받은 것을 늦둥이는 받지 못한 경우가 있으므로 막내가 태어나기 전에 준 것을 다시 계산해야 하는 문제도 생길 수 있습니다.

따라서 조문 하나만 가지고 전체를 해결할 수는 없습니다. 유류분 상속 문제는 아직 완전히 해결되지 않았습니다. 앞으로 법을 고치게 된다면 재혼할 때는 계약을 통해 상속포기를 하는 것이 가능한지도 생각해보게 됩니다. 그러나 길을 열어놓으면 여러 가지 부작용이 생길 수 있어 함부로 열 수는 없습니다.

또한 상속재산분리제도는 상속개시 시 상속인의 고유 재산과 상속재산을 따로 분리하는 제도를 말합니다. 아버지의 재산과 자녀의 재산이 상속으로 합쳐지는 경우 아버지의 재산에 영향을 받는 사람들이 있습니다. 바로 아버지의 채권자들입니다. 아버지의 채무이행 능력을 믿고 돈을 빌려준 사람이 어느 날 채무자가 갑자기 사망했다는 소식을 듣습니다. 그런데 아버지의 재산을 상속한 자녀에게 빚이 많다면 자녀는 상속재산으로 자신의 빚을 갚을 수도 있습니다. 채권자들이 자녀에게 자기 빚을 갚지 말라고 할 수는 없습니다. 동시에 반대의 경우도 생길 수 있습니다.

채권자들은 이제 자녀가 어떻게 행동하느냐에 따라 이득을 볼 수도 있고 손해를 볼 수도 있습니다. 이런 경우에는 상속재산을 분리해달라고 요청하는 경우가 있습니다. 아버지 것은 아버지 것대로, 자녀 것은 자녀 것대로 분리해 그 분리된 재산 사이에서 각자 채권자들이 권리를 행사해서 돈을 받으면 공평합니다. 이렇게 상속개시 후 상속재산과 고유재산을

◆

• 상속재산분리

상속에 의한 상속재산과 상속인의 고유재산과의 혼합을 방지하기 위해 상속개시 후에 상속채권자(相續債權者), 수유자(受遺者) 또는 상속인(相續人)의 채권자(債權者)의 청구에 의해 상속재산과 상속인의 고유재산을 분리해 상속재산에 관한 청산을 목적으로 하는 재판상의 처분을 말한다.

분리해 정리하는 제도를 상속재산분리라고 합니다.

또 반대로 상속인 자녀 중에서 경제적으로 여유가 있는 자녀가 부모를 모시기 위해 주택을 구매하는 과정에서 본인(자녀)의 이름이 아닌 부모의 이름으로 사드리는 경우가 있습니다. 그러면 부모의 사망 후 이 부동산을 두고 상속 문제가 발생할 수 있습니다. 실제 법리를 따져보면 법으로 재단할 수 없는 경우가 많은데, 아버지의 명의로 둔 부동산이 실제로는 어떤 의미를 지니는지 파악하기가 쉽지 않기 때문입니다. 부모에게 사드렸으므로 증여로 보아야 하는지, 명의만 부모의 이름으로 해둔 명의신탁으로 보아야 하는지 등의 문제가 있습니다. 명의신탁은 법으로 허용되지 않습니다만 자녀가 자신의 것이라고 주장하는 경우도 있습니다. 부모와 자녀 사이에 증여를 받았다는 증거인 증여세나 계약서, 명의신탁 계약서가 없는 경우도 있습니다.

형제들 사이에서도 사준 사람의 재산으로 인정해 '형이 부모를 위해 샀으므로 형의 것'이라고 정리해주면 좋은데 '사준 것은 좋지만 지금은 아버지의 재산이니 같이 나누자'고 할 수도 있습니다. 이런 경우 결국은 그에 기여한 사람, 그 집을 사준 자녀가 '이 집을 사드린 덕분에 부모가 돈을 많이 절약할 수 있었고, 내가 이 재산에 기여를 했으므로 이 재산은 내 것이다'라고 주장할 수 있습니다. 이 부분은 자녀들이 협의해서 산정해도 되고 협의가 안 되면 법원에 기여분을 인정해달라고 신청하는 경우도 있습니다.

후손에게 무엇을 남길 것인가

상속을 하면 세법상의 논쟁과는 별도로 논의되는 이야기도 있습니다. 상속을 인정하면 자녀가 불로소득을 얻게 되는 것이니 그 재산을 받은 자녀는 열심히 일하지 않을 것이라는 주장입니다. 그다음 세대도 열심히 일하게 하려면 상속을 인정하면 안 된다고 주장하는 사람도 있습니다. 이런 주장을 하는 사람들은 자녀가 가진 재산이 없으므로 열심히 일할 것이라는 반론을 폈는데 이에 또 다른 반론도 있습니다. 상속이 불가능하다면 윗세대가 왜 일을 열심히 하려 들겠느냐는 것입니다. 잘 벌어서 자녀에게 상속하지 못한다면 부모 입장에서는 돈을 열심히 벌 이유가 적다는 것입니다. 또 윗세대가 일을 하지 않든 자녀가 일을 하지 않든 이는 격세(隔世)로 일어나는 것이므로, 상속제도는 일과 상관없다는 주장을 펴는 사람도 있습니다.

열심히 일하는 것이 꼭 상속 때문은 아니지만 사유재산을 보장해야 열심히 일할 동력이 생깁니다. 그래서 상속세 세율을 어느 정도로 할 것인지를 생각해보게 됩니다. 우리나라 재벌가에서 상속이 이루어질 때 상속세가 너무 높다고 생각해 재산을 보전하기 위해 탈법 행위를 하는 등 승계 문제가 생기곤 합니다. 이 문제를 곰곰이 생각하던 와중 시오노 나나미의 『로마인 이야기』를 읽게 되었습니다.

로마 시대에도 상속은 아주 중요한 주제였습니다. 당시 로마인들의 상속 방식은 조금 달랐습니다. 로마 시대에는 부자들이 다 장군이었습니

부모의 빚도 상속된다 ◆

다. 로마의 장군들은 전쟁에서 승리해 돌아오면서 많은 전리품을 가져와 부자가 되었습니다. 그런데 그 부유한 장군들이 사망하면 재산을 나누는 방식이 지금과는 좀 달랐습니다. 장군의 가족이 살 집과 기본적인 물품들은 그의 가족에게 상속하지만 대부분의 재산은 그 장군이 부를 이룰 때 도운 사람들, 즉 휘하에 있었던 장군들에게 나누어줬습니다. 그럼 그 장군의 아들은 무엇을 유산으로 받았는지 살펴봤습니다. 장군은 아들에게 다른 사람 밑에서 열심히 일해서 그 윗사람이 돈을 벌게 해주면 훗날 그 사람이 너에게도 나누어줄 것이라고 했답니다. 그리하여 장군의 아들은 누군가를 위해 열심히 일했고, 이런 식으로 로마 시대의 상속 제도가 유지되었다고 합니다.

상속에 관련한 또 다른 유명한 예로는 카이사르를 들 수 있습니다. 카이사르는 자식 없이 사망했고, 생질인 옥타비아누스가 상속인이 되었습니다. 카이사르 역시 생질에게 기본적인 상속은 했지만 자기가 이룬 모든 부를 자기를 따르던 부하 장군들에게 다 나눠주었습니다. 그리고 카이사르의 부하들은 다시 옥타비아누스에게 은공을 갚기 위해 노력했다고 합니다. 결국 카이사르의 조카는 로마의 초대 황제 아우구스투스가 되었습니다.

로마 사람들의 상속 방식은 기발했습니다. 자기 아들에게 모든 재산을 주고 싶었을 텐데 왜 그렇게 하지 않았는지 생각해봤습니다. 당시는 명예를 매우 중시하던 시대였기 때문에 돈을 많이 벌어 자기 아들에게만 남기면 그 사회에서 제대로 된 평가를 받지 못하므로 아들에게만 재산을 줄 수 없었다고 합니다.

　당시 로마에서는 큰 부자가 사망하면, 그가 가진 재산 중 얼마를 누구에게 나누어주는가가 큰 화제가 되었다고 합니다. 요즘으로 치면 로마 사람들은 스톡옵션 개념을 가지고 있었던 것입니다. 이런 생각이 로마의 발전에 큰 원동력이 되었다는 글을 보면서 지금의 상속 문제에 있어 조금 더 발전적인 방향은 무엇인지 생각해보게 됩니다.

02

관습법은
어떻게 변화했을까

　　기존 전통이 법률에 어떤 영향을 미쳤는지 세 가지 판례를 살 펴고자 합니다. 첫 번째 사례는 제가 대법관이 되기 전에 내려진 판결이 고, 두 번째 사례는 제가 대법관으로 일하던 시절에 내려진 판결이며, 마 지막은 제가 퇴임한 후에 내려진 판결입니다. 모두 전원합의체에서 판결 한 사항이었는데 진행 당시에는 의견이 분분했습니다. 그만큼 관습에 대 한 생각도 다를 수 있다는 걸 보여주는 사례입니다.

왜 우리나라의 수도는 서울인가

관습은 습관이나 관행이 굳어 법의 효력을 지니게 된 생활 습성을 뜻합니다. 관습법의 좋은 예 중 하나가 바로 '수도가 서울인 것은 관습법인가 아닌가' 하는 문제입니다. 결국 이는 헌법재판소에서 '서울이 수도라는 것은 관습헌법'이라고 했습니다. 만약 수도를 변경하고자 하면 헌법에서 고쳐야 하고, 법률로는 수정할 수 없다는 판례였습니다. 관습법이 무엇인지를 판례에 의해 선언한 보기 드문 사례입니다.

서울이 대한민국의 수도인지와 같은 문제는 법원이 아닌 헌법재판소에서 판단했습니다. 원래 소송은 구체적인 권리의무가 문제될 때 제기될 수 있고 법률이 시행되더라도 그 법률이 실생활과 연관성이 있는 경우에만 소송적격이 인정되어 제소할 수 있었습니다. 그런데 법률이 우리 삶에 구체적으로 적용되는지 여부가 애매한 경우가 생기는데, 시간이 흘러

◆

• 신행정수도 특별법 위헌 규정

우리나라의 수도가 서울인 것은 우리 헌법상 관습헌법으로 정리된 사항이며 여기에는 아무런 사정의 변화도 없다고 할 것이므로, 이를 폐기하기 위해서는 반드시 헌법 개정의 절차에 의해야만 한다.

관습법은 어떻게 변화했을까 ◆

법률을 시정하기 어려운 경우도 생깁니다.

이렇게 법률로 인해 기본권이 침해되었다고 주장하는 사람들이 위헌 법률의 적용을 배제해줄 것을 청구하는 방식이 바로 헌법소원 절차입니다. 이는 위헌법률의 적용을 미리 차단해 헌법을 수호하기 위한 것입니다. 법률에 대한 위헌심사권을 헌법재판소에 부여했기 때문에 이러한 헌법소원 사건도 헌법재판소에서 단심(單審)으로 처리할 수 있게 되어 신속한 권리 구제가 이루어질 수 있었습니다.

헌법재판소는 법원이 아닌 별도의 헌법기관으로 창설되었습니다. 직업 법관에 의한 위헌심사보다는 다양한 경험을 갖춘 각계각층의 인사로 구성된 헌법재판소에서 위헌심사를 하는 것이 문제를 다양한 면에서 바라볼 수 있게 해 국민에게 더 이익이 될 것이라는 판단에서였습니다.

이에 헌법재판소 재판관의 구성이 아주 중요했습니다. 우리나라 헌법은 대법원에서 3명, 대통령이 3명, 국회에서 3명을 구성하도록 하고 있습니다. 법원에서 3명을 지명하는 이유는 헌법재판도 재판이기에 법관 경험이 있는 사람이 필요하기 때문입니다. 독일에서도 3분의 1은 법관 경력이 있는 사람을 선임하도록 합니다. 그 밖에 대통령과 국회에서 각 3명씩 추천합니다. 다양한 경험을 가진 사람들로 하여금 헌법재판을 담당하도록 하기 위해서였습니다.

초기에는 이 원칙이 어느 정도 지켜졌습니다. 대통령과 국회는 다양한 경험을 갖춘 사람들을 헌법재판관으로 임명했습니다. 헌법재판소의 초기 소장이었던 조규광 소장은 변호사로 오래 활동해 사회문제에 밝았습니다. 그는 탁월한 지도력을 발휘해 헌법재판소를 지금의 반석 위에 올렸습니다. 당시에는 세월이 흐르면 법관 출신이 아닌 사람들도 헌법재판관이 될 것이라 예상했습니다. 그러나 예상과는 달리 지금은 국회에서조차 현직 법관을 헌법재판관으로 지명하는 일이 반복되고 있습니다. 헌법재판이 제대로 되기 위해서는 다양한 분야에서 활동하는 사람들을 찾아내려는 노력이 더욱 필요합니다.

가족에게는 법 이상의 관습법이 존재한다

우리나라의 관습은 조선 시대 이후에 형성된 유교적인 개념입니다. 보통 가족생활에 관련한 관습은 부모와 자녀, 친자와 양자, 분묘와 종중 등이 이에 속합니다. 동성동본끼리 모여 하나의 집단을 이루는 이 종중을 어떻게 바라볼 것인지를 정하는 것 역시 관습입니다. 옛날에는 종중을 아주 중시했습니다. 상속도 관습에 의한 부분을 법에 많이 반영했습니다. 그런데 남녀평등이 이뤄지고 민주사회가 발전하면서 관습도 변하기 시작했습니다. 이전의 관습이 법규의 효력을 지니고는 있지만 지금 헌법과 대치된다면 적용하기 어렵습니다.

종중에 관련한 판례를 살펴보면 종중을 '조상의 자손으로 구성된 단체'라고 정의합니다. 순수하게 따지면 옛날에 사망한 한 사람, 한 사람마다 관념적으로는 종중이 하나씩 있는 셈입니다. 조상 중에서 특별히 유명한 사람, 옛날에 벼슬을 해서 직함을 얻은 사람은 그 사람의 종중이 있습니다. 그런데 그 조상의 아들 역시 별도의 종중 시조가 될 수 있습니다.

대법원에서는 종중은 자연발생적으로 존재하고, 가입하는 것이 아닌 만큼 대표나 재산이 있어도 되고 없어도 된다고 보았습니다. 즉, 종중은 자연발생적으로 생기는 것이라고 보았습니다. 종원이 되면 자동적으로 종중의 회원이 되기 때문에 제명도 없습니다. 종중에 따라 회비를 내기도 하지만 안 내도 상관없습니다. 종원은 시제(時祭, 한식 또는 10월에 5대조 이상의 묘소에서 지내는 제사)를 지내고 종종 모여서 친목을 도모하는 정도의 단체이기 때문에 법률상으로 엄격하게 규정할 필요가 없다는 뜻으로 종중의 정의를 내린 것 같습니다.

종중에서 제일 중요한 것은 부계, 즉 아버지 혈족입니다. 어머니의 혈족은 해당하지 않고 딸 역시 해당되지 않았습니다. 종중은 남성 위주로 꾸려지는 사회로 남성은 성년이 되면 종중원이 됩니다. 이전까지는 이에 대해 이의를 제기하지 않았습니다. 그러나 최근 종중 재산이 토지수용(국가나 지방자치단체 또는 공공단체가 강제적으로 토지의 소유권 등을 취득하는 경우) 되는 경우 이를 어떻게 나눌 것인지가 문제로 불거졌습니다. 게다가 딸들이 아버지의 제사를 함께 지내자고 주장했습니다.

옛날에는 아들이 없으면 딸도 제사를 지냈고, 또 아들이 있어도 돌아가면서 제사를 지내는 집안도 있었다고 합니다. 똑같은 자손인데 남자는 회원이 되고 여자는 회원으로 받아들여지지 않는 것은 잘못이라는 문제 인식이 생겼습니다. 이에 여성들도 종중원으로 받아달라는 소송을 제기했습니다.

남성만 종중에 참여하게 하는 것은 남녀평등에 반합니다. 관습에 의하면 여성은 종중원이 아니지만 법률도 헌법에 위반되면 효력이 없듯 관습법도 헌법에 위반되면 효력이 없다고 주장했습니다. 당시 김영란 대법관이 여성으로서는 처음 대법관이 된 시기였기에 이 사건이 더 크게 주목을 받았습니다. 이때 여자도 종중원이 될 수 있다는 점에는 의견이 일치했습니다. 다만 이를 어떤 방식으로 구현할 것인가에 대해서는 의견이 달랐습니다. 남성처럼 성인이 되면 자동적으로 종중원으로 가입되는 것인지, 종중원이 되고자 하는 사람에 한해 가입되는 것인지 여부를 논의했습니다. 결국 남녀는 평등하므로 여성도 성년이 되면 남성처럼 자동적으로 종중원이 될 수 있다고 결론을 내렸습니다.

모든 남성이 성인이 되면 종중원이 된다는 판례의 연원을 따져보니 일제강점기 시대 조선고등법원 판례에서 그 기원을 찾을 수 있었습니다. 일제강점기에는 일본에 대심원(大審院)이라는 최고법원이 있어 우리나라는 대심원이라는 명칭을 쓸 수가 없었으므로 조선고등법원이라고 했습니다. 서울에 있는 조선고등법원은 이름이 고등법원이지만 3심이었습니다. 2심은 복심법원(覆審法院)이라 불렸고, 당시에는 경성(서울)과 대구, 평양에 복심법원을 두었습니다. 그런데 조선고등법원에서 종중이 우리나라의 관습이라고 선언했습니다. 그래서 그 내용이 지금까지 이어져왔습니다.

실제 종중 재판을 해보면 할아버지가 누구인지, 시조가 누구인지가 가장 문제가 되곤 합니다. 사실 100년, 200년이 아니라 500년 이상 된 종중의 시조를 따지기는 상당히 어렵습니다. 자연적으로 발생한 만큼 규약이 없는 경우도 많습니다. 그래서 특정 토지가 18대 종중의 소유라고 해서 소송을 하다 패소하면 17대 종중 소유라는 식으로 주장을 바꿔 소송합니다. 그러다 또 패소하면 이번에는 16대 종중이라고 명칭을 변경해 또 소송을 합니다. 법원에서는 원고의 토지가 아니라고만 판결할 수 있고 누구의 것인지는 말해주지 못합니다. 그래서 이런 식으로 소송이 계속 이어질 수 있었습니다. 이런 소송이 이루어지는 가장 큰 원인이 판례에 있었는데 이 판례에 대해 반대하는 경우도 있었습니다. 종중은 자연발생적으로 생기는 것이 아니고 종원들이 모여서 만들어야 종중이 된다는 이론이 있습니다.

또 종중에는 불천위제사(不迁位祭祀)도 있습니다. 천위(迁位)는 위패를 옮긴다는 뜻입니다. 이는 큰 공훈이 있는 이를 영원히 사당에 모시도록 나라에서 허락해 지내는 제사입니다. 불천위제사가 많아야 양반이라고 하기도 합니다. 조상 중에서 누군가의 제사를 지내자고 결정하면 그 자손이 모여 재물을 각출해 위토답(位土畓), 즉 문중의 제사에 필요한 비용을 충당하기 위한 토지를 마련해 그 조상을 위한 불천위제사를 별도로 준비합니다. 위토답에 참여한 사람만 종중원이 되는 것이고, 아무나 종중이 되는 것은 아니라고 보는 경우도 있습니다. 아무런 재산도 없이 15대 할아버지의 후손 모임이라고 해서 관념대로 자손이 200명이 있는 종중이 있다고 하기는 어렵습니다. 자신들도 종중이 있다고 생각하지 않는데 소송상에서만 자꾸 나타납니다.

개인적으로는 종중이 영미권의 신탁재산(trust)이나 특별한 목적을 위해 만든 법인처럼 운영되어야 하는 것 아닌가 싶습니다. 실제로 개별 종중원이 총회를 열기는 현실적으로 어렵습니다. 소집권자는 연고항존자(年高行尊者, 나이 많고 항렬이 높은 사람)라고 하는데 누가 연고항존자인지 특정하기 어려운 경우도 있습니다. 게다가 종중원에 대한 회의 소집 통지도 쉽지 않습니다. 이제는 여성도 종중원이 되면서 모두에게 통지하는 것은 현실적으로 어렵습니다. 종중에서 토지 분쟁과 같은 재산 분쟁이 생기면 많은 사람을 동원한 쪽이 이기다 보니 종중의 화합은커녕 분쟁만 커지기도 합니다.

아버지의 유해는 누구의 소유인가

제가 대법관으로 일하던 시절에 특이한 소송이 있었습니다. 한 가정의 아버지가 사망했습니다. 그 아버지는 첫 결혼에서 원고인 장남을 낳았습니다. 이후 첫 번째 부인과 헤어져 다른 사람과 새로 가정을 꾸렸고 둘째 자녀도 낳았습니다. 오랜 시간이 흐른 후 장남이 아버지가 사망한 것을 알게 되었습니다. 게다가 배다른 형제인 둘째가 아버지를 이미 자신의 동네에 모신 것을 알게 되었습니다. 장남은 이미 돌아가신 어머니 무덤 옆에 아버지를 모시고자, 배다른 동생을 상대로 아버지의 유체를 인

관습법은 어떻게 변화했을까 ───◆

도해달라는 소송을 제기했습니다. 이복형제가 떨어져 살고 연락도 안 되던 경우여서 아버지의 사망 소식을 뒤늦게 알고 소송한 것입니다.

사람이 살아 있을 때에는 그 신체는 소유권의 대상이 될 수 없습니다. 그러나 사람이 사망하면 특수한 경우로 변합니다. 유체는 사람의 몸이지만 물건과 같이 하나의 동산(動産) 비슷한 개념이 됩니다. 그래서 이 유체의 주인이 누구인지를 따지는 일이 벌어졌습니다. 한 번도 겪어보지 않은 이 사건은 대법원까지 올라왔습니다. 이전까지는 계속 원고인 장남이 이겨왔습니다. 처음에는 주심대법관도 재판에서 본안 심리 없이 상고를 기각하는 심리불속행(審理不續行)으로 끝내자고 했습니다. 하지만 그러기에는 중요한 문제라고 생각해 전원합의체에 회부해 의견을 들어보자고 했습니다. 그런데 막상 전원합의체에 갔더니 원성이 높았습니다. 사건이 너무 복잡했기 때문입니다. 엄청난 시간을 들여 사건을 정리해야 해서 대법원에서도 여러 의견이 나올 정도였습니다.

문제의 핵심은 세 가지였습니다. 첫째, 아버지의 유체는 누구의 소유인가. 둘째, 아버지의 사망 전 유언은 효력이 있는가. 셋째, 자식이 불효할 경우 자녀의 권리는 소멸하는가. 첫 번째 문제가 제일 중요합니다. 상속에서 재산은 공유되어 지분대로 나눕니다. 부동산이라면 지분을 공유하거나 팔아 생긴 돈을 나누면 됩니다. 그런데 아버지의 유체는 갈라 나누기가 어렵습니다. 호주제도가 있던 당시에는 호주상속인이 제사를 지냈는데 이제 호주제도가 폐지되었으므로 상속인의 지위는 모두 동등합니다. 처음에는 형제끼리 합의를 하는 것이 제일 좋지 않겠느냐 하는 의견이 있었습니다. 그러나 처음부터 합의가 될 사건이었으면 법원까지 올리 없었습니다. 합의가 안 되었을 때 부모의 유체를 어떻게 할지에 대해서는 법에 규정이 없었습니다.

합의가 안 되면 장남에게 권한을 주어야 한다는 의견이 있었습니다. 이 경우 적서(嫡庶, 적자와 서자)의 구별은 없다고 보았습니다. 적자가 아니더라도 장남의 손을 들어주어야 한다는 의견, 합의가 안 되면 다수결로 하고 다수결로도 결론이 나지 않으면 법원에서 정해야 한다는 의견, 아예 처음부터 법원에서 정해야 한다는 의견도 있었습니다. 제사를 지내는 사람이 이후에도 관리하므로 제사 주재자를 가정법원에서 정하자는 의견도 있었습니다. 그런데 제사와 같은 가정사를 가정법원 판사가 결정하는 것이 옳은지도 생각해봐야 했습니다. 여러 의견 끝에 당분간은 장남에게 권한을 주어야 한다는 데 다수 의견이 모였습니다.

두 번째 문제는 유언이 법률적으로 효력이 있는지 여부입니다. 이런 분쟁이 생길 것을 예상했는지 아버지는 사망 전에 자신의 묫자리에 관해 언급했다고 합니다. 그렇다면 그 유언이 법률적으로 효력이 있는가를 따져봐야 합니다. 그 유언을 지킬 수 없다고 주장하는 상속인이 있다면 다른 상속인이 그 상속인에게 유언대로 진행할 것을 강제할 수 있는지가 문제가 됩니다. 이 부분의 의견도 갈렸습니다. 다수 의견은 두 번째 쟁점에 대해 유언은 도의적인 의미이지 법적 효력까지는 없다고 결론 내렸습니다.

세 번째로는 권리가 있다 하더라도 아버지 생전에 한 번도 찾아오지도 않고 관심도 없다가 "당신이 잘되려면 아버지 묘를 특정한 곳에 써야 한다"는 지관(地官)의 말을 듣고 갑자기 묘를 이장하겠다고 나오면 곤란하지 않겠냐는 의견이었습니다. 그런 경우도 있을 수는 있겠으나 이 사건의 경우에는 지관 문제와는 연결되지 않는다고 보았습니다.

결국 대법원에서는 장남인 원고 측의 손을 들어주었습니다. 그러나 실제로 아버지의 묘를 옮겼는지 법원에서는 알 수 없습니다. 대법원의 많은 사건 중에서도 정말 드문 케이스였습니다. 가끔은 한 사건에 이렇게 오랜 시간을 들이는 것이 옳은지 고민도 있었지만, 이 경우는 전원합의체를 통해 정리할 필요를 인식하고 그렇게 결정했던 사안입니다.

왜 땅 주인과 묘 주인이 다른 것일까

마지막으로 분묘기지권(墳墓基地權)에 대한 소송을 살펴보겠습니다. 분묘기지권은 타인의 토지 위에 있는 분묘의 기지에 대하여 관습법상 인정되는 지상권과 유사한 일종의 물권입니다. 우리나라는 토지와 토지 위에 있는 건물을 별도의 부동산으로 봅니다. 그러나 해외에서는 나무나 건물이 토지에 따라가는 식으로 처리하는 나라도 많습니다. 우리는 별개의 부동산으로 보므로 토지등기부도 있고 건물등기부도 있습니다.

특정 토지에 건물을 짓는 사람은 먼저 그 땅의 주인과 계약을 맺어야 합니다. 동시에 지상권(地上權)도 파악해야 합니다. 지상권은 그 땅에 건물을 지을 수 있는 권리입니다. 임대차보다 조금 더 강력한 권리를 지상권이라고 하는데 지상권을 설정한 뒤 건물을 짓습니다. 지금은 집합건물에 대한 법률에 따라 토지소유권이 건물과 붙어 있습니다. 초기에는 그런 개념이 없어 집합건물인 아파트의 경우 토지는 토지대로 등기를 하고 또 건물은 건물대로 등기를 했습니다. 그래서 아파트를 바탕으로 대출을 받는 경우, 토지에 담보를 설정하기가 굉장히 복잡했습니다. 집합건물이다 보니 1,000명 이상 등기가 되어 있는 경우도 있습니다. 지금은 대지권만 떼어 건물과 같이 등기를 합니다.

제2금융권에서는 건물만 담보로 잡아 대출을 해줍니다. 그러다 돈을 빌린 사람이 갚지 못하면 건물만 경매를 합니다. 즉, 건물소유권과 토지소유권이 분리되어버립니다. 건물은 재건축해서 없어지면 끝입니다. 그대신 토지에 대한 사용권은 없으므로 지료(地料)를 줘야 하는 문제가 생깁니다. 건물을 철거할 수는 없으므로 법에 의해 지상권이 설정된 것으로 간주하는 법정지상권(法定地上權) 제도가 생겨난 것입니다. 건물의 철

◆

• 분묘기지권

타인의 토지 위에 있는 분묘를 소유하기 위해 분묘의 기지 부분의 토지를 사용할 것을 내용으로 하는, 관습으로 인정되는 지상권.

거가 바람직하지 않은 경우, 건물 소유주를 보호하기 위해 고안한 법적 장치인 셈입니다.

타인의 땅에 자신 가족의 묘를 썼더라도, 분묘로 사용하는 땅은 실제 토지 주인이 방해할 수 없다는 권리가 바로 분묘기지권입니다. 옛날에는 산이 없는 사람이 장례를 치르면 같은 지역사회에 사는 산 주인이 자신의 산 일부에 묘를 쓰도록 허락해줬습니다. 또는 자기 산에 묘를 설치해둔 채 팔기도 했습니다. 묘가 있는 채로 팔 때, 새로 사는 사람은 그 묘가 있다는 것을 인지하고 산을 삽니다. 따라서 묘는 묘 주인이 계속 관리할 수 있었습니다.

그러나 땅 주인 몰래 묘지를 썼을 때는 문제가 되었습니다. 세월이 흘러 토지를 매수한 땅 주인이 자기 땅에 몰래 묘지를 쓴 것은 소유권 침해이므로 그 묘를 이장하라고 소송을 제기했습니다. 일제강점기의 조선고등법원에서는 분묘기지권을 인정하면서 이를 관습이라고 판시했습니다. 당시에는 일단 묘를 쓰면 토지 주인이라 하더라도 그 묘는 손대지 못하는 것으로 생각했습니다. 묘 주인이 산을 벌초하고 성묘하는 것은 괜찮다고 여기다가 나중에 이장하라고 주장하는 것은 말이 안 된다고 보았고 이를 대체로 수용하는 분위기였습니다.

분묘기지권이 성립하면 토지 주인에게 사용료를 지급하는 문제도 있을 수 있습니다. 일반적으로 법정지상권이 성립하면 지료를 지급해야 합니다. 처음에는 분묘기지권에 대해서는 지료 지급의 의무가 없다고 보았지만, 최근 대법원에서는 지료 지급의 의무가 있다고 판례를 변경했습니다. 물론 당사자 사이에 금액 합의가 이뤄지지 않으면 법원에서 감정해 그 금액을 정하게 되었습니다.

최근 산의 가치가 높아지고 묘가 없는 산이 더 비싸게 팔리자 묘지 철거 소송이 늘어났습니다. 그 사이에 장사(葬事)에 관한 법률이 생겼습니

• 분묘의 설치기간

장사 등에 관한 법률 제19조

1. 제13조에 따른 공설묘지 및 제14조에 따른 사설묘지에 설치된 분묘의 설치기간은 30년으로 한다.

2. 제1항에 따른 설치기간이 지난 분묘의 연고자가 시·도지사, 시장·군수·구청장 또는 제14조제4항에 따라 법인묘지의 설치·관리를 허가받은 자에게 그 설치기간의 연장을 신청하는 경우에는 1회에 한하여 그 설치기간을 30년으로 하여 연장하여야 한다.

3. 제1항 및 제2항에 따른 설치기간을 계산할 때 합장 분묘인 경우에는 합장된 날을 기준으로 계산한다.

4. 제2항에도 불구하고 시·도지사 또는 시장·군수·구청장은 관할구역 안의 묘지 수급을 위하여 필요하다고 인정되면 조례로 정하는 바에 따라 5년 이상 30년 미만의 기간 안에서 제2항에 따른 분묘 설치기간의 연장 기간을 단축할 수 있다.

5. 제2항에 따른 분묘 설치기간의 연장 신청에 관하여 필요한 사항은 보건복지부령으로 정한다.

다. 이 법이 시행된 이후에 설치한 분묘는 기지권이 금지되었기 때문에 법정기지권이 발생하지 않는데 그전에 이미 있던 묘에는 기지권이 발생했으므로 이 소송이 대법원까지 올라왔습니다.

이는 대법원에서 의견이 갈렸습니다. 시효취득(時效取得, 일종의 시효로

• 설치기간이 종료된 분묘의 처리

장사 등에 관한 법률 제20조

1. 제19조에 따른 설치기간이 끝난 분묘의 연고자는 설치기간이 끝난 날부터 1년 이내에 해당 분묘에 설치된 시설물을 철거하고 매장된 유골을 화장하거나 봉안하여야 한다.

2. 공설묘지 또는 사설묘지의 설치자는 연고자가 제1항에 따른 철거 및 화장·봉안을 하지 아니한 때에는 해당 분묘에 설치된 시설물을 철거하고 매장된 유골을 화장하여 일정 기간 봉안할 수 있다.

3. 공설묘지 또는 사설묘지의 설치자는 제2항에 따른 조치를 하려면 미리 기간을 정하여 해당 분묘의 연고자에게 알려야 한다. 다만, 연고자를 알 수 없으면 그 뜻을 공고하여야 한다.

4. 제3항에 따른 통보 및 공고의 기간·방법·절차 등에 관하여 필요한 사항은 보건복지부령으로 정한다.

5. 제2항에 따른 봉안에 관하여는 제12조 제3항을 준용한다.

인한 권리취득)에 있어서도 무단점유한 경우에는 소유권을 인정해주지 않습니다. 시효취득은 권리가 없는 사람이라 할지라도 일정 기간 이상 땅을 자신의 것처럼 사용하면 후에 그 소유권을 인정해주는 제도입니다. 그러나 그 땅을 사용할 때부터 자신이 그 땅의 주인임을 판단할 수 있는 근거가 있어야 합니다. 비록 그 근거가 나중에 잘못된 것이라고 밝혀지더라도 시효취득이 가능한 경우가 있습니다. 그러나 만약 다른 사람의 토지인 줄 알면서도 일부러 의도를 가지고 무단 점유했을 경우에는 시효취득을 인정해주지 않습니다.

분묘도 마찬가지로 보아 자신의 땅이 아닌 줄 알면서도 묘를 설치했으므로 인정해주지 않아야 한다는 의견도 있었습니다. 예를 들어, 영역을 일부 침범한 경우에는 시효취득을 인정해주지만 처음부터 그 토지 전체가 타인의 소유인 줄 알면서도 묘를 만든 사람은 타주점유로 보아 시효취득의 대상이 아닙니다. 이에 분묘기지권도 인정할 필요가 없다는 의견도 나옵니다. 물론 대법원 판례가 되면 판례로서 다른 사건도 이 판례를 따르지만, 판결은 그 사건의 당사자에게만 효력이 있습니다. 다른 당사자끼리 다른 소송이 또 벌어지면 그 판례가 유지될지 여부는 아무도 모릅니다. 앞으로 또 이런 소송이 벌어지면 기존에 분묘기지권이 있었던 경우도 효력이 없다는 판결이 나올 수도 있습니다.

최근 판례에 따르면 분묘 소유자는 분묘기지권에 대한 반대급부로 토지 사용료를 지불해야 한다고 합니다. 앞으로 분묘에 대한 인식 변화와 함께 사용료를 지불하지 못할 경우 철거 청구 등을 우려해 이장하는 사례가 늘어나지 않을까 생각해봅니다.

농경시대에는 삶이 비슷했으므로 관습도 그대로 이어져왔습니다. 그러나 1990년대 이후에는 남녀평등의 개념이 모두에게 받아들여지면서 상속도 그에 따라 이루어집니다. 이처럼 사회가 변하면 법률도 변하고, 또 법률이 생기면 사회 변화가 촉진됩니다.

초기 민법에는 부부별산제(혼인 전 각자의 재산과 결혼 후 각자 취득한 재산을 각자 관리하고 수익을 거두게 하는 제도)가 있었는데 처음에는 잘 시행되지 않았습니다. 그런데 남녀상속권이 바뀐 다음부터는 재산에 대한 여성들의 생각이 완전히 바뀌었습니다. 이전에는 시집에서 물려받는 유산만 있었는데 이제는 친정 재산도 받을 수 있게 되었습니다. 아들과 딸의 상속 지분이 같아지므로 딸의 친정에 대한 권리가 굉장히 강해졌습니다. 또 친정 부모도 아들에게만 의존할 필요가 없어졌습니다.

몇 십 년 전에는 남아선호사상이 심했습니다. 아들을 꼭 낳아야 했고, 아들이 없으면 양자제도를 통해 아들을 들였습니다. 지금은 자신에게 아들이 없어도 동생의 자녀를 양자로 달라고 할 수 없습니다. 예전의 생각을 고수하는 이들은 사회에 적응하기 어려워합니다. 진즉 딸의 지위도 인정했으면 좋은 가족관계를 유지할 수 있을 텐데 아들만 외치다 딸과도 멀어지고 양자를 들일 방법도 없어졌습니다. 이렇게 사회가 바뀌어가고 있습니다.

박경리의 소설 『토지』에는 나이 많은 훈장이 나옵니다. 그에게는 딸이 있음에도 양자를 들이는 것이 최대의 숙제였습니다. 결국 양자를 들

이고 나서 크게 기뻐하고 한숨을 쉬면서 이제는 인생을 마쳐도 되겠다
고 하는 대목이 나옵니다. 요즘에는 소설 속에서나 볼 수 있는 장면이
되었습니다.

03

손해 보지 않으려면
계약을 잘해야 한다

저는 최근 유튜브 크리에이터로 활동하면서 실생활에서 일어나는 다양한 법률문제를 소개하고 있습니다. 손해배상이나 명예훼손부터 상가의 권리금 문제와 보이스피싱 사례까지 생활 속에서 법률로 따져봐야 할 만한 문제들은 누구나 겪을 수 있습니다. 이번에는 살아가는 동안 어떤 식으로든 한 번은 맺게 되는 계약이 어떤 형식으로 이뤄지고 계약 시에 법적으로 알아야 할 사항들이 무엇인지 살펴보고자 합니다.

계약은 당사자 사이의 합의에 의해 이뤄지므로 법률에 규정한 것과 다른 내용으로도 얼마든지 계약을 할 수 있습니다. 이를 계약 자유의 원칙이라고 합니다. 좀 더 구체적으로 알아보겠습니다.

계약과 계약 전의 홍보는 구분해야 한다

계약에는 두 사람이 필요합니다. 한쪽은 돈을 주고 다른 한쪽에서는 그에 상응하는 물건을 제공합니다. 가만히 있어서는 아무 일도 이루어지지 않기 때문에 뭔가가 필요한 사람은 그 물건을 파는 상대방을 찾습니다. 상대에게 오퍼(offer, 일정한 내용의 계약을 체결할 것을 목적으로 하는 일방적이고 확정적인 의사 표시)하는 것을 청약이라고 하고 받는 사람이 이를 인정하면 승낙이 됩니다. 이 두 가지가 일치하면 계약이 이루어집니다. 그런데 청약 전에는 준비가 필요합니다. 우리가 광고를 보자마자 사지는 않는 것과 같은 이치입니다.

광고를 한다는 것은 청약의 유인(invitation of offer, 광고나 상품의 진열과 같이 수신자가 청약을 하도록 유인하는 일)입니다. 광고를 본 누군가가 물건이 좋다고 판단해 사겠다고 의사 표시를 하면 상대방은 물건을 팔게 됩니다. 쉽게 얘기하면 청약의 전 단계가 바로 청약의 유인입니다. 보통 청약과 청약의 유인은 쉽게 구별할 수 있습니다.

보통 새 아파트를 분양받고자 하는 사람은 모델하우스에 가보곤 합니다. 새 아파트는 보통 선분양을 합니다. 아파트가 지어질 자리는 정해져 있지만 그 필지에 어떤 모양의 아파트를 짓게 될지는 모델하우스에서 확인할 수 있습니다. 따라서 대부분의 분양 업체는 모델하우스를 매우 잘 지어놓습니다. 고객은 좋은 자재를 쓴다는 말을 믿고 아파트를 분양받았는데 나중에 보니 모델하우스보다 질이 낮은 자재를 써서 지어놓은 경우가 있습니다. 그렇다면 모델하우스가 광고, 즉 청약의 유인에 속하는지를 따져봐야 합니다. 아파트 분양계약을 할 때 어떤 자재를 쓸 것인지는 세세하게 기록하지 않기 때문에 주장하기 애매한 부분이 발생합니다. 아파트는 이미 샀으므로 무를 수는 없지만 자재는 약속과 다르니 주민들이 시공사 측에 소송하는 사건이 발생합니다.

법원에서는 시공회사에서 할 수 없는 부분, 예를 들어 지하철이 개통되거나 학교가 설립되는 부분은 시공사의 영역 밖이므로 이는 청약의 유인이라고 보았습니다. 그러나 시공사 측에서 선택할 수 있는 것들은 약속대로 지켜야 하므로 이는 청약이라고 보았습니다. 원래 제시한 것보다 더 좋은 제품을 쓰는 것은 상관없지만 더 나쁜 것을 골랐다면 차액은 손해배상을 하라는 결론을 내려 청약의 유인과 청약을 구별했습니다.

• 청약의 유인

상대방이 청약의 유인에 따라 청약의 의사표시를 해도 계약은 성립하지 않고, 유인한 자가 승낙을 함으로써 계약이 성립된다. 청약의 유인자는 승낙 여부의 자유를 가진다.

연예인의 계약금은 누구의 것인가

실제 계약을 한 사람들 사이에는 문제가 없는데도 분쟁이 일어날 수 있습니다. 예를 들어, 한 출연자가 방송에 출연하게 되어 방송사와 계약을 했습니다. 연예인들은 대부분 소속사가 있으므로 그 역시 소속사 직원이 대리로 가서 계약을 했습니다. 보통 방송국에서 출연료나 계약금을 출연자의 소속사에 송금하면 출연자와 소속사는 자신들이 맺은 계약대로 비율을 나눕니다.

이론상으로는 문제가 없습니다. 방송국에서 보낸 돈을 비율대로 나누기만 하면 되었는데 이 회사가 부도가 나면서 문제가 불거졌습니다. 채권자들이 회사의 재정을 살펴보니 방송국으로부터 1억 원 정도 받을 돈이 있었습니다. 채권자들은 방송국에 1억 원을 달라고 요구했습니다. 그러자 회사 소속 연예인이 반대했습니다. 그중 8,000만 원은 자신이 받아야 하는 돈이니 채권자는 2,000만 원만 가져가라고 주장했습니다.

채권자들에게는 평등의 원칙이 적용됩니다. 담보가 없으면 모두가 평등합니다. 연예인도 회사에서 8,000만 원을 받아야 하고 채권자도 회사로부터 1억 원을 받아야 하는데, 회사 재산은 방송국에서 받을 1억 원밖에 없습니다. 채권자 측은 전체 금액을 비율에 따라 나눠야 한다고 주장했습니다. 이 경우 18분의 8은 연예인이 가져가고 18분의 10은 채권자가 가져가야 한다는 것입니다. 사실은 2,000만 원만 회사 몫인데도 불구하고 같은 채권자이므로 함께 나누자고 제안했습니다.

그렇다면 이 1억 원이 회사의 돈인지, 연예인의 돈인지 따져봐야 합니다. 만일 출연료가 연예인의 권리여서 방송국에서 연예인에게 계약상 제시한 8,000만 원을 지급한다면, 잔금인 2,000만 원만 회사에 입금하게 됩니다. 결국 회사는 2,000만 원을 채권자들에게 돌려주는 절차로 일을 진행하게 됩니다. 그러나 출연료 1억 원이 회사에 속하는 권리라면 연예인도 회사에 대해 8,000만의 원 채권을 가진 채권자의 지위에 있게 되므로 다른 채권자와 채권 비율에 따라 나눠 가져야 합니다. 같은 이야기지만 다른 사람이 개입되다 보니 결과가 달라집니다. 1심과 2심에서는 소속사 직원이 계약을 했고 평소에 돈이 회사로 들어왔으므로 그 돈은 원래 회사 돈이라고 봤습니다. 따라서 채권자는 모두 평등하므로 연예인과 채권자들도 전체 금액을 비율대로 분배받으라고 판결했습니다.

이에 연예인 측에서는 8,000만 원이 자신의 몫이라고 주장하며 소송

을 걸었습니다. 그런데 방송국과 계약을 진행할 당시 회사에서 계약서를 작성하지 않았다는 것을 알게 되었습니다. 계약서에 소속사 이름을 기입했다면 소속사 돈이 되는 것이고, 연예인 이름을 쓰면 연예인 돈임을 확인할 수 있을 텐데, 이 경우에는 계약서 없이 구두로만 얘기되었던 것입니다. 이에 방송국에서는 아예 1억 원을 공탁(供託, 금전이나 유가증권 따위를 공탁소에 위탁함)하면서 누구의 편도 들지 않았습니다. 방송국 측의 행동은 현명했습니다. 누군가에게 미리 줘버리면 나중에 이중으로 비용을 정산할 수도 있기 때문입니다.

대법원에서는 그 연예인이 있었기 때문에 해당 프로그램이 진행될 수 있다고 보았습니다. 법원에서는 소속사가 그 연예인을 강제로 프로그램에 출연시킬 수는 없으므로 회사는 그 연예인을 대리해서 계약한 것으로 봐야 한다고 판단했습니다. 구두로 계약한 사람 역시 소속사 직원이었지

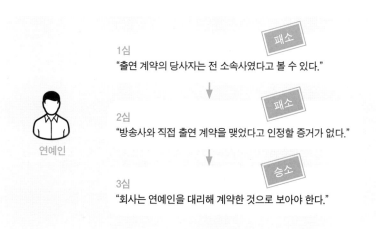

연예인

1심   패소
"출연 계약의 당사자는 전 소속사였다고 볼 수 있다."

2심   패소
"방송사와 직접 출연 계약을 맺었다고 인정할 증거가 없다."

3심   승소
"회사는 연예인을 대리해 계약한 것으로 보아야 한다."

만 그 직원 역시 연예인을 대리해 계약을 한 것으로 보아 법원은 연예인 측 손을 들어줬습니다. 만약 거꾸로 연예인이 부도가 난 상태라 해도 입장은 바뀌지만 같은 문제가 생깁니다. 서면 계약은 이토록 중요합니다.

서면으로 하는 계약 중 법률이 특별히 규정하고 있는 것이 딱 하나 있습니다. 증여입니다. 증여가 계약이라는 말을 들으면 이상하다고 생각할 수도 있습니다. 증여는 한쪽에서 다른 쪽에 주기만 하는 것인데, 계약은 보통 주고받는 과정에서 일어나기 때문입니다. 증여는 한쪽이 주겠다는 의사 표시를 하고 상대방이 받겠다고 승낙해야 계약이 성립된다고 법률로 규정하고 있습니다. 구두로 한 증여는 언제든지 철회할 수 있지만 서면으로 한 증여는 철회할 수 없습니다.

일반적인 증여는 받는 사람에게 100퍼센트 주는 것입니다. 그런데 그중에서도 부담부증여(負擔附贈與)라는 것이 있습니다. 증여를 받는 사람에게 일정한 급부(給付)를 할 의무를 부담하게 하는 증여입니다. 예를 들

◆

• 증여의 의의

민법 제554조
증여는 당사자 일방이 무상으로 재산을 상대방에 수여하는 의사를 표시하고 상대방이 이를 승낙함으로써 그 효력이 생긴다.

어, 아버지가 자녀에게 주택을 증여하지만 그 주택을 살 때 받은 주택담 보대출은 자녀에게 갚으라고 하는 경우가 부담부증여에 속합니다. 또는 부모가 자녀에게 전세가 끼어 있는 집을 증여하면서 전세금은 나중에 자녀가 갚도록 하는 경우도 이에 속합니다. 부담부증여로 집을 증여하면 세법상으로도 부담 부분만큼은 매매로 보아 양도소득세를 과세하고 그 외의 금액은 증여세를 과세해서 구분합니다.

또 자녀에게 집을 증여했는데 부모의 재산을 받고서도 효도하지 않는 것을 괘씸하게 여긴 부모가 반환소송을 하는 경우도 있습니다. 아예 효도 계약을 서면으로 맺는 경우도 있습니다. 예를 들어 '일주일에 한 번씩 부모를 찾아가고 이를 이행하지 않을 시 받은 주택을 돌려준다'는 조건을 서면이 아닌 구두 계약으로 정한 경우에는 이를 지키지 않는다고 따지기 어렵습니다. 효도 계약도 서면으로 진행해야 한다지만 이런 부담부 계약은 돈으로는 환산할 수 없습니다. 따라서 이를 어떻게 보아야 하는지는 논란이 될 수 있습니다.

계약금은 왜 생겼을까

우리가 큰 물건을 사고팔 때는 전체 금액을 한 번에 주지 않고 계약금을 먼저 겁니다. 큰 금액이 오가는 거래를 하게 되는 경우, 혹시 경솔하게 계약했을지라도 한 번은 벗어날 길을 열어주자는 취지로 10퍼센트의 계약금을 걸게끔 하고 있습니다. 만약 계약이 실수였다 할지라도 계약금만 포기하면 되기 때문에 유예기간을 주고자 하는 취지입니다. 계약금을 지불하는 방식을 오래 사용해왔기 때문에 지금은 당연하게 계약금을 걸고 계약을 진행하지만 우리나라만의 고유한 제도는 아닙니다.

보통 계약은 중도금 지급 전까지만 해약이 가능하고, 계약금으로는 전체 금액의 10퍼센트 정도를 지급합니다. 그런데 이런 사례도 있었습니다. 1억 원의 거래가 이루어지는 과정에서 계약금이 모자라 계약자가 우선 현금으로 500만 원을 지급했습니다. 그런데 계약자가 곰곰이 생각해보니 이 계약을 포기하고 싶어졌습니다. 이런 경우라면 기존에 준 500만 원만 포기하면 되는 것인지, 아니면 처음 약속했던 계약금에 맞춰서 500만 원을 더 내야 하는지를 두고 문제가 생깁니다. 계약금의 원래 취지를 따져 처음 주었던 돈만으로도 계약이 성립된다고 보면 더 내지 않아도 될 것 같지만, 계약금으로 10퍼센트인 1,000만 원을 약속했으므로 그만큼을 채워야 해약할 수 있다고 보면 나머지 계약금을 내는 것이 타당해 보이기도 합니다. 최근 대법원 판례를 보면 약속이 우선이라고 판단했습니다. 따라서 처음 계약금인 1,000만 원까지 채워주는 것이 맞다는 판례가 있습니다.

또한 계약을 이행하지 않을 때 이를 어떻게 강제할 것인지를 고민해야 합니다. 법에는 강제력이 있습니다. 범죄를 저지르면 강제로 잡아서 징역을 보냅니다. 형벌도 이러한데 민사상의 채무 관계에서도 마찬가지로 강제로 법을 지켜야 합니다. 집을 사고팔 때 집을 판 사람이 돈을 받고도 못 팔겠다고 우기면 법은 강제로 계약을 지키게끔 해줍니다. 등기를 안 해주면 등기를 하라고 판결을 합니다. 집을 내어주지 않으면 법원에서는 명도(明渡, 토지 등을 점유한 자가 그 점유를 타인의 지배하에 옮기는 것) 판결을 합니다. 등기는 부탁을 받아서 미리 해줬는데 돈을 주지 않는다면 돈을 갚으라고 판결하고, 그래도 갚지 않으면 재산을 압류해 돈을 갚게끔 합니다. 이런 방식은 강제적 행사에 속합니다.

민사상의 일에도 결국 국가의 강제력이 작용합니다. 그래서 원 계약대로 끝까지 마무리하게 해달라고 하는 것도 하나의 방법이고, 상대방이 계약을 이행하지 않는다면 손해배상을 받는 경우도 있습니다. 어떤 방식을 선택할지는 개인에게 맡깁니다. 계약을 해지하면서 계약금과 약속된 위약금을 받고 계약을 끝낼 수도 있습니다.

◆

• 동시이행의 항변권

민법 제536조

1. 쌍무계약의 당사자 일방은 상대방이 그 채무이행을 제공할 때까지 자기의 채무이행을 거절할 수 있다. 그러나 상대방의 채무가 변제기에 있지 아니하는 때에는 그러하지 아니하다.
2. 당사자 일방이 상대방에게 먼저 이행하여야 할 경우에 상대방의 이행이 곤란할 현저한 사유가 있는 때에는 전항 본문과 같다.

집값이 오르는 시기에는 첫 번째 방법이 유용합니다. 즉, 등기를 강제로 넘겨받는 방식인 소유권 이전등기 청구소송을 하는 것입니다. 반대로 두 번째 방법을 선택하는 경우도 있습니다. 그러나 매매계약과 같이 서로 동시이행 관계에 있는 권리의무를 부담하고 있는 경우에는 상대방의 위약을 사유로 계약을 해지하는 경우 주의할 점이 있습니다.

매수인이 계약을 해지하려고 하는 경우에는 자신의 의무인 매매대금을 미리 준비한 다음 상대방에게 이전등기의 이행을 최고(催告)해야 합니다. 반대로 매도인의 경우에는 소유권 이전등기에 필요한 서류를 모두 준비하고 상대방에게 매매대금의 지급을 최고해야 합니다. 이러한 조치를 취하지 않은 상태에서 상대방과의 의무이행을 최고했다면 그 불이행을 이유로 계약을 해지하고 손해배상을 청구할 수 없습니다.

04

현실 속 거래는
법대로 이루어지지 않는다

사회에서 여러 활동을 하면서 우리는 의식적이든 무의식적이든 여러 거래를 합니다. 가게에 가서 물건을 살 때도 돈을 내면 물건을 받을 수 있습니다. 이런 행위는 매매계약에 속합니다. 교통카드를 사용해 지하철이나 버스에 요금을 지불하는 행위 역시 법률상으로는 계약에 속합니다. 물론 중요한 계약을 할 때는 서면으로 그 기록을 남깁니다. 예를 들어 주택을 구매할 때에는 계약서를 작성해 거래 기록을 남깁니다. 그러나 모든 계약이 이렇게 투명한 것만은 아닙니다.

거래는 밝은 곳에서 이루어지지 않는다

때로는 보증인이나 담보가 없는 상태에서 돈을 빌려주는 경우도 있습니다. 그런데 후에 계약이나 매매 시 문제가 생기는 경우를 살펴보면 누락된 부분이 있는 경우가 많습니다. 대부분의 사람들은 어떻게 계약서도 쓰지 않고 일을 진행하느냐고 비난할 수도 있습니다. 그러나 현실에서는 계약서를 작성한 다음 일을 시작하는 것이 어려운 경우가 많습니다. 먼저 계약을 한 다음 일을 하자고 하면 상대가 물러설 때도 많습니다. 돈을 빌리고 빌려주는 관계에서도 위약 등을 포함해 조목조목 항목을 작성하면 계약이 잘 안 됩니다. 돈은 밝은 데서 움직이지 않습니다. 어둡고 미결된 상태에서 움직여야 거래가 됩니다.

사례를 하나 살펴보고자 합니다. A와 B는 친구 사이였습니다. B는 A에게 돈을 빌려달라고 부탁했습니다. A는 돈은 있었지만 친구와 금전거래를 하며 이자를 받는 부분 등이 껄끄러워 제삼자인 C를 B에게 소개

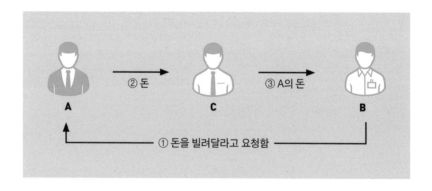

했습니다. A는 따로 C를 만나 "내 친구 B가 돈이 필요하다는데 직접 빌려주는 상황이 껄끄러우니 내 돈을 당신에게 주고 당신이 B에게 빌려주는 형식으로 거래하자"고 제안합니다.

그렇게 B는 C에게 차용증을 쓰고 돈을 빌렸습니다. 이후 B가 C에게 이자와 원금을 잘 갚았으면 문제가 없는데 상황이 어려워지자 B가 C에게 이자를 지급하지 못하는 경우가 발생했습니다. 이제 A는 B에게서 돈을 돌려받고 싶어서 소송을 제기하려 했으나 A는 돈을 빌려준 주체가 아니어서 소송을 진행할 수 없었고 C는 자신의 돈이 아니니 소송에 미온적이었습니다.

A는 소송을 위해 C에게 채권을 양도할 것을 부탁했습니다. 그렇게 채권을 양도받아 B에게 소송을 진행했습니다. B의 입장에서 보면, 자신은 C에게 돈을 빌렸는데 왜 A가 소송을 걸었는지 의문을 품을 수밖에 없습니다. B는 이것을 '소송을 목적으로 한 권리양수'라고 주장했습니다. B가 말한 소송신탁은 법으로 금지하고 있습니다.

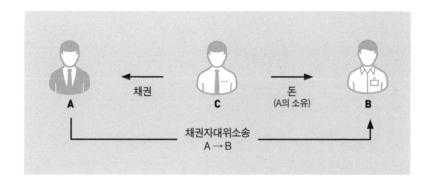

현실 속 거래는 법대로 이루어지지 않는다

C가 B에게 독촉하지 않으니 A가 C 대신 B에게 돈을 갚을 것을 독촉하는 소송이 있습니다. 이를 '채권자대위소송'이라고 합니다. 그런데 A가 B에게 채권자대위소송을 하려면 A가 C에 대한 계약상의 권리도 있어야 하지만 C가 A에게 돈을 갚을 자력도 없어야 합니다. 그런데 A가 C에게 계약상의 권리가 있는 것이 아니라 C는 A의 심부름을 해준 것뿐입니다. A가 굳이 C를 통해 돈을 빌려주었기 때문에 문제가 생긴 것입니다.

간단한 사건도 법률적으로 따져보면 복잡하고 판단이 힘들 때가 많습니다. 게다가 현실에서는 이런 일들이 종종 일어납니다. 사채 거래의 경우 이자도 주지만 거래를 소개해준 사람에게 소개료를 주는 경우도 있습니다. 예전에는 자신의 돈을 빌려주면서도 빌려준 사람을 노출시키지 않는 경우가 있었습니다. B가 C에게 소개료로 1퍼센트 정도 주면 이를 A가 가져갔습니다. A가 소개료 부분을 B에게 이야기하면 친구 사이가 무너집니다. 아무리 금전 거래를 투명하게 하려 해도, 투명하게 해서는 거래가 잘 안 되는 것이 현실입니다.

제대로 판단하려면 속내를 잘 알아야 한다

앞의 이야기와 비슷하지만 또 다른 사례도 있습니다. 이번에는 A가 B에게 돈을 빌려달라는 부탁을 받았는데 돈이 없었던 A는 C에게 부탁합니다. 그런데 B가 돈을 못 갚게 되었습니다. C는 돈을 받기 위해 A에게 소송했습니다.

C에게 왜 A를 상대로 소송했는지 확인해봤더니, C는 A에게 돈을 빌려줬다고 했습니다. B에 대해서는 잘 모르지만 A가 빌려달라고 요청해서 편의상 B에게 바로 돈은 건네주었으나 실은 A에게 빌려준 것이고 A가 B에게 빌려준 것이라고 했습니다. C의 돈이 B에게 바로 간 것이 이상하다 보았는데 이때 A는 B의 보증을 섰다고 했습니다. C는 A가 부탁했기 때문에 빌려줬고 A는 보증을 선 것입니다. 이런 경우에도 마찬가지로 차용증서에 보증이라고 쓰면 거래가 되지 않습니다. B가 낸 이자 중 일부는 A에게 가고 나머지는 C에게 갑니다. 사채는 이렇게 거래됩니다. 이런 경우 당사자의 의사를 추론해서라도 재판을 하는데 이자를 일부 받은 것이 이중대여인지, 아니면 보증인으로서 보증료를 받은 것인지 애매합니다.

신용보증기금과 같은 공식적인 보증기관도 보증을 서주면서 보증료를 받습니다. 마찬가지로 A가 부탁하지 않았다면 C가 B에게 돈을 빌려

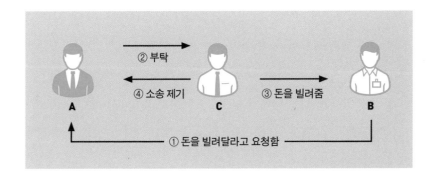

　현실 속 거래는 법대로 이루어지지 않는다 ◆

줄 리 없었지만 돈이 일부라도 A에게 갔다면 보증인으로서 책임을 져야 한다고 해석하게 됩니다. A 입장에서는 억울할 수 있겠지만 보증료든 이 중대여든 어느 정도 금전적인 덕을 봤으면 그 부분에 책임을 져야 합니다.

그래서 판사들이 판결을 잘 내리려면 세상물정을 잘 알아야 합니다. 거래가 실제로 어떻게 이뤄지는지 알아야 합니다. 재판 당사자들은 자신에게 불리한 정보는 절대로 노출하지 않습니다. 그리고 이런 정보는 소송하는 상대방도 잘 모릅니다. 누구에게 책임이 있는지를 알아야 하고, 이론 구성은 그다음입니다. 상황을 온전히 파악한 후에야 보증인인지 이중채권 성립인지를 이야기할 수 있습니다.

계약할 때 주의해서 살펴야 할 사항

실생활이 법률가의 생각대로만 움직인다면 역동성이 떨어집니다. 위험을 조금 감수하더라도 움직여야 실제로 일이 진행되는데 책임지는 것이 무서워 가만있으면 아무것도 할 수 없습니다. 실생활에서 일어나는 부분을 감안해 사회 활동이나 기업 활동을 하는 사람에게는 경영상 판단을 적용합니다. 경영상의 선택이 더 큰 이익을 얻기 위해 결정한 사항이었다면 그로 인해 손실이 나더라도 받아들여야 한다고 보는 것입니다. 법률가가 말한 대로 하지 않았다고 따지면 열 가지 사업 중에서 반도 진행하기 어렵습니다.

벤처기업은 실패 위험률이 높습니다. 그런데 각 사항마다 법률적인 잣대를 들이대 하나하나 따지면 성공하기 어렵습니다. 최근 우리나라도 배임죄에 있어 경영상의 판단을 너무 엄격하게 적용해 기업 활동을 위축시킨다는 이야기가 나오고 있습니다. 그래서 최근에는 경영자의 경영적 판단을 존중해주는 경향으로 나아가고 있습니다. 앞으로 이런 문제도 법률가들이 좀 더 생각해볼 영역입니다.

처음에는 법률적으로 판단하는 것이 어색하다고 생각했던 가족의 일도 어느 정도 법률의 틀 안에 들어왔습니다. 이를 잘 지키는 것도 발전의 한 동력이 되리라고 생각합니다. 부모와 자녀 사이의 효도 계약이나, 부부 사이의 재산 계약 이야기를 처음 들었을 때는 무척 어색했습니다. 외국에서는 부부가 되기 전에 재산을 약정하는 경우도 있습니다. 부모와 자식 관계에서도 부모 것은 부모의 것으로, 자녀의 것은 자녀의 것으로 보아 거래를 합니다.

앞으로는 부부 사이에도 법에서 말하는 부부별산제가 이루어지지 않

◆

• 경영 판단의 원칙

회사의 이사나 임원이 선의로 선량한 관리자의 주의를 다하고 그 권한 내의 행위를 하였다면, 비록 그 행위로 인하여 회사가 손해를 입더라도 그에 대해 개인적인 책임을 지지 않는다는 원칙.

을까 생각해봅니다. 최근 이혼할 때 많이 제기하는 재산분할 소송도 부부별산제가 도입되면 차츰 없어지지 않을까 생각해봅니다. 그러나 법률가들이 불분명한 부분을 없애는 것도 좋지만 사회의 역동성을 지나치게 제한해서는 안 될 것입니다.

2장

나의 권리는 소중하다

01

내 권리금은
어떻게 보호받을 수 있을까

 권리금(權利金)에 대해 들어보기는 했으나 정확하게 아는 사람이 의외로 적은 것 같습니다. 제가 상업 분야에 종사하지는 않지만 권리금에 대해 생각해보게 된 계기가 있습니다.

 30대에 동부지방법원에서 판사로 근무하던 당시의 이야기입니다. 그때만 해도 동부지방법원 근처 골목에 식당이 많지 않았는데 어느 날 골목 귀퉁이에 삼계탕집이 새로 생겼습니다. 재료를 넉넉히 쓰고 맛있어서 외진 곳인데도 손님이 많았습니다.

 그런데 1년 후에 새로운 사람이 그 가게를 인수했습니다. 제가 깜짝 놀라 장사도 잘되는데 주인이 왜 바뀌었는지 물었지만 새 주인은 자세하게 말해주지 않았습니다. 듣기에 새 주인이 상당한 권리금을 주고 들어온 것 같았습니다. 그때 음식점 장사를 하는 이들이 음식을 팔아서 이득을 남기는 것보다 장사를 잘해서 다른 사람에게 넘겨 훨씬 더 큰 이익을 얻을 수도 있다는 것을 알았습니다. 외진 곳에 새로 가게를 내면 장사가 잘될지 확신할 수 없지만 이미 장사가 잘되고 있는 곳에 권리금을 주고 들어가면 어느 정도 수익을 보장받기 때문에 이런 계약 관계는 잘만 이루어진다면 서로에게 이득입니다.

내가 쌓은 무형의 자산도 내 재산이다

스타트업이 몇 년간 연구를 진행한 뒤 이 연구가 성공하면 기업을 상장합니다. 이 역시 권리금의 형태라고 이해해볼 수 있습니다. 스타트업을 시작한 사람들이 사업 아이템을 잘 선정한다면 성장할 수 있는 조건은 갖추었지만 자본력은 아직 부족합니다. 작은 스타트업 상태에서는 영업을 크게 할 수가 없습니다. 그런데 대기업이 막강한 자본을 가지고 스타트업을 인수하면 얼마든지 더 큰 기업으로 성장시킬 수 있으므로 자본금의 10배, 20배를 주더라도 그 스타트업을 인수하면 됩니다. 창업 과정에서 성공하면 큰돈을 받고 다른 기업에 그 가치를 파는 것이므로 크게 보면 이 역시 권리금으로 이해할 수도 있습니다. 이렇게 기업을 팔 때의 권리금은 큰 문제가 없습니다. 그러나 상가를 형성해서 영업을 하면 왜 비싼 권리금이 매겨지는가 하는 문제가 있습니다.

상가를 임차해 장사를 하는 사람은 열심히 노력해서 손님들이 찾아오게 합니다. 어딘가에 맛있는 음식점이 있다는 이야기를 들으면 사람들이 찾아오게 되면서 그곳의 재산적 가치가 높아지기 마련입니다. 그러나 상가를 임차해 장사하는 사람이 건물 주인이 아닌 경우, 일정한 기간이 지나면 계약이 만료됩니다. 새로 계약해 임차하는 사람은 주인과의 계약을 통해 입주하게 되고 이전 상가 임차인이 새로 입주하는 사람을 선정할 권한은 없기 때문에 계약이 만료되면 상가를 비워줘야 합니다. 이제까지 쌓은 무형의 재산이 없어지는 것이지만 그 가치를 건물 주인에게 돈으로

◆

• 권리금의 정의

상가건물임대차보호법 제10조의3

1. 권리금이란 임대차 목적물인 상가건물에서 영업을 하는 자 또는 영업을 하려는 자가 영업시설·비품, 거래처, 신용, 영업상의 노하우, 상가건물의 위치에 따른 영업상의 이점 등 유형·무형의 재산적 가치의 양도 또는 이용대가로서 임대인, 임차인에게 보증금과 차임 이외에 지급하는 금전 등의 대가를 말한다.

2. 권리금 계약이란 신규임차인이 되려는 자가 임차인에게 권리금을 지급하기로 하는 계약을 말한다.

달라고 할 수도 없습니다. 예전에는 이런 무형의 자산을 어떻게 보전해 줄 것인가를 두고 오래 고민했지만 마땅한 법적 규정이 없었습니다. 이제는 상가건물임대차보호법이 생겨서 보증금을 안전하게 돌려받을 수 있게 되었고 권리금 제도 또한 보장되고 있습니다.

계약이 끝나도 임차인의 권리는 남는다

권리금은 건물 주인이 아니라 새로 들어오는 임차인에게 받아야 합니다. 그렇다면 후임 임차인에게 어떻게 권리금을 받을 수가 있을까 하는 것이 이 법의 첫 번째 핵심입니다. 첫 번째는 기간 갱신을 한 경우입니다. 처음에는 계약갱신청구권 기한을 5년간 지속할 수 있었습니다(지금은 10년으로 변경되었습니다).

　한 사례를 살펴보겠습니다. 임차인은 1년씩 여러 차례 기간을 갱신

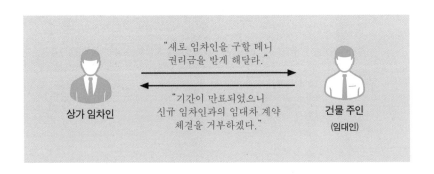

해 총 5년간 장사를 했으나 계약 기간이 만료되자 주인에게서 나가달라는 통보를 받았습니다. 임차인은 이곳에서 새로 장사할 사람을 구했으므로 후임으로 들어올 사람에게 권리금을 받게 해달라고 주인에게 요청했습니다. 건물 주인은 전 세입자인 임차인에게 자신과의 계약 기간은 끝났으므로 권리금을 요구할 수 없다고 주장했습니다. 새 임차인과 계약이 안 된 상태에서 전 임차인이 나가야 하는 경우에는 권리금을 회수할 길이 없습니다. 권리금을 회수하는 것을 방해하면 손해배상을 하도록 규정되어 있는데 임차인은 이 경우도 권리금 회수를 방해한 것이라고 보아 법원에 소송을 제기했습니다.

하급심에서는 이 경우에는 건물 주인(임대인)이 방해한 것이 아니라고 보았습니다. 계약 기간 동안 장사를 할 수 있도록 충분히 보장해주었고, 권리금은 그동안 임차인이 장사를 잘해서 회수하면 되는데 계약 기간이 지난 다음에 다른 사람을 데리고 와서 돈을 받는 것은 적당하지 않다고 보아 원고가 패소했습니다.

• 대법원 판결

상가에 관한 임대 기간이 5년을 경과하여 임차인이 갱신요구권을 행사할 수 없다 하더라도 임대인은 임차인에 대한 권리금 회수기회 보호 의무를 부담한다.

내 권리금은 어떻게 보호받을 수 있을까 ◆

그런데 대법원에서는 이를 반대로 해석했습니다. 계약 기간이 지난 것과 권리금을 회수하는 것은 별개의 사안으로 보았습니다. 또 계약 기간이 지났더라도 얼마든지 그 사람과 그 장소에 재산적 이익이 남아 있고 손님도 찾아오는 경우라면 그 권리를 보장해줘야 한다고 보았습니다. 즉, 갱신청구권이 소멸된 것과 권리금을 보장하는 것은 별개라고 판시했습니다.

주인이 계약을 거부하는 경우

권리금은 결국은 주인에게 받는 것이 아니라 사업장을 이어받는 후속 사업자에게 받는 것이기 때문에 임차인은 후속 사업자를 계약 기간 종료에 맞춰 구합니다. 전임 사업자가 계약을 통해 후속 사업자에게 가게를 넘겨주면서 권리금을 얼마로 할지 정한 다음 계약을 하게 됩니다. 권리금은 두 사람이 합의하는 것이라 공시 가격이 있는 것이 아닙니다. 장사가 잘될지 안 될지는 사실 아무도 모르기 때문에 두 사람의 의견이 합치되어야 금액이 정해집니다. 최종 금액을 정한 다음에는 건물 주인과 계약을 논의하게 됩니다.

새로운 사람이 가게를 인수하고자 하니 계약을 진행하게 해달라고 주인에게 요청하면 주인은 보통 지난번 계약과 비슷한 정도의 보증금과 월세를 요구하거나, 새로 계약을 맺으면서 기존보다 조금 높은 조건을 제시하기도 합니다. 계약에 관련된 모두가 조건을 받아들이면 기존 사업자는 새 사업자에게 권리금을 받습니다. 그러나 임대인이 새 계약을 받아들이지 않으면 권리금을 받을 수 없게 됩니다. 임대인이 무리한 금액을 요구하거나 합리적인 이유 없이 새 계약을 진행하지 않겠다고 하면 이전 사업자는 권리금을 못 받게 되는 경우가 발생합니다. 그래서 법에서는 전 임차인이 후임 임차인을 구해 권리금을 정했으나 주인이 새 계약을 거부하는 경우 손해배상을 하도록 되어 있습니다.

세입자끼리 정리가 잘되었다 할지라도 계약이 이루어지지 않는 경우도 있습니다. 자신의 건물에서 장사가 잘되는 것을 본 주인이 자신의 지인에게 세를 주려는 사례가 발생하기도 합니다. 건물 주인이 세입자가 데려온 사람과는 계약을 하지 않을 것이며 지인과는 미리 이야기되었다고 할 수도 있습니다. 세입자는 아무나 붙들고 자신의 가게를 인수하라고 할 수도 없으므로 조문상으로는 후임자를 주선해 금액을 정한 다음 권리금을 받아야 하지만 상가 주인이 이를 거부한 경우 후임자를 구할 수가 없게 됩니다.

새 세입자를 구할 수 없는 상황일 때 판례에서는 주인이 처음부터 재계약을 하지 않겠다고 했다면 법에서 규정하고 있는 임차인을 구한 다음 그 사람에게 넘기는 조건으로 허락을 해달라고 할 필요는 없다고 했습니다. 이런 상황에서 결국 새 임차인을 구할 필요가 없다는 것입니다. 건물 주인은 물론 권리금 상당의 손해배상액을 부담하게 됩니다.

금액이 애매할 경우에는 법원에서 재판을 통해 그 사업체를 감정하거

내 권리금은 어떻게 보호받을 수 있을까 ──◆

나 비슷한 규모의 가게를 기준으로 적당한 권리금 액수를 산정해 그 금액만큼 손해배상을 하도록 판시했습니다.

세 번째로는 사람들이 계약을 하면서 주고받는 것이 있습니다. 우리가 물건을 사면 돈을 주고 물건을 받듯 말입니다. 임대차 계약에서는 차임(물건을 빌려 쓰고 치르는 값)과 보증금을 주게 됩니다. 그러면 주인은 가게를 세입자에게 내어줍니다. 이를 법률 용어로 '주고받는 것을 같이 한다'고 해서 '동시이행(同時履行)'이라고 합니다. 약정에 따라 먼저 주기로 약속하는 경우에는 동시이행이 아니라 선이행이지만 통상적으로는 주면서 받는 것이 원칙입니다. 이사를 하는 경우에도 잔금을 치러야 열쇠를 받을 수 있는 것과 같은 이치입니다. 동시이행을 하지 않으면 나중에 돈을 받기도 어렵고 명도도 어렵기 때문입니다. 임대차도 마찬가지로 계약 종료 시 보증금을 받아야 나가므로 보증금 계산을 한 다음 가게를 내줍니다.

그러나 앞에서 설명한 사건처럼 권리금 상당의 손해배상금을 받기 전에는 못 나가겠다고 말하는 경우 문제가 됩니다. 당연히 임대차 과정에서 생긴 문제이므로 손해배상금을 지급하는 것이 옳다고 생각할 수도 있습니다. 한편으로 손해배상은 임대차 계약과는 별개이므로 따로 해결하는 것이 옳다고 생각할 수도 있습니다. 그런데 사실 권리금에 상당하는 손해 금액을 물어주는 것은 계약과는 별도로 판단할 사유입니다. 이렇게 특별하게 사유가 발생한 경우, 상식적으로 주고받을 때 같이 주고받아야 하는 사례에 해당되는지 여부를 사회 통념에 비춰보는데, 법원에서는 여기에 해당되지 않다고 판단했습니다.

교과서에서는 물건을 서로 모르고 바꿔 가져갔다가 후에 알고 보니 내 물건은 다른 사람이 가지고 있고 그 사람의 물건을 내가 가지고 있다면 이를 동시이행으로 처리해, 각자 잘못 가져간 물건을 되돌려주면 된다고 예를 들고 있습니다. 법원에서는 권리금 상당의 손해배상금을 지급하는 경우는 동시이행이 아니라고 판결했습니다.

재건축을 해도 권리금을 보장받게 해달라

최근에는 임차인이 계약 기간 동안 사업을 하고 난 뒤 후임자를 구해 권리금을 받으려 하자 주인이 반대했던 사례도 있습니다. 건물 주인은 건물 리모델링을 이유로 세입자를 내보내야 하기 때문에 재계약을 할 수 없으므로 다른 이에게 넘기지 말라고 했습니다. 이런 경우 권리금을 회수하게 해달라는 사안이 법원에 제소되었습니다. 이 사건은 그 건물이 정말로 리모델링이 필요한지를 두고 논란이 일었습니다. 임대차 계약 갱신을 할 수 없는 사유와 권리금을 보장해주지 못하는 사유가 법에는 동일하게 규정되어 있습니다.

집을 헐어내고 새로 지어야 하는 경우에는 세든 사람이 전부 나간 다음, 새로 짓고 나서 별도로 계약을 하게 됩니다. 법에는 재건축이나 재개발을 하는 경우, 또는 국가에서 도시계획을 통해 건물을 철거하는 등의

내 권리금은 어떻게 보호받을 수 있을까

경우가 아니라 본인 소유의 건물이 낡아서 수선 또는 새로 짓는 경우 임대차 계약서에 일정 기간 이후에 공사를 진행할 예정임을 미리 알리고 계획대로 공사를 진행할 때에는 계약갱신 또는 권리금 보장 규정이 적용되지 않는다고 명시했습니다.

그러나 이 경우 주인이 리모델링을 이유로 재계약을 거부했고, 임차인은 이 건물이 재건축이 필요할 정도로 낡지 않았으며 조금만 손보면 얼마든지 계속 영업을 할 수 있다고 주장했습니다. 결국 이 다툼이 소송으로 이어지게 되었습니다.

하급심에서 심리를 해보니 건물 주인의 행동에는 무리가 있다고 판단했습니다. 같은 건물에서 그 가게가 아닌 다른 가게는 자기 친척에게 세를 주어 계속 영업할 수 있도록 했기 때문입니다. 또 전문가에게도 해당 건물이 당장 위험해서 철거를 하고 새로 지어야 할 정도로 노후한 것은 아니라는 감정 평가를 받았습니다. 가게 주인은 대수선과 리모델링을 이유로 재계약을 거부했지만 법률 규정에 맞춰서 보면 처음 계약 당시에 '일정 기간 뒤에 리모델링을 하겠다'는 언급이 없었으므로 세입자에게

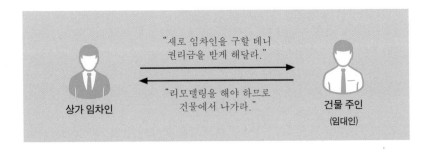

상가 임차인 — "새로 임차인을 구할 테니 권리금을 받게 해달라."

건물 주인 (임대인) — "리모델링을 해야 하므로 건물에서 나가라."

• 계약갱신 요구

상가임대차보호법 제10조

1. 임대인은 임차인이 임대차기간이 만료되기 6개월 전부터 1개월 전까지 사이에 계약갱신을 요구할 경우 정당한 사유 없이 거절하지 못한다. 다만, 다음 각 호의 어느 하나의 경우에는 그러하지 아니하다.

① 임차인이 3기의 차임액에 해당하는 금액에 이르도록 차임을 연체한 사실이 있는 경우

② 임차인이 거짓이나 그 밖의 부정한 방법으로 임차한 경우

③ 서로 합의하여 임대인이 임차인에게 상당한 보상을 제공한 경우

④ 임차인이 임대인의 동의 없이 목적 건물의 전부 또는 일부를 전대(轉貸)한 경우

⑤ 임차인이 임차한 건물의 전부 또는 일부를 고의나 중대한 과실로 파손한 경우

⑥ 임차한 건물의 전부 또는 일부가 멸실되어 임대차의 목적을 달성하지 못할 경우

⑦ 임대인이 다음 각 목의 어느 하나에 해당하는 사유로 목적 건물의 전부 또는 대부분을 철거하거나 재건축하기 위하여 목적 건물의 점유를 회복할 필요가 있는 경우

　가. 임대차계약 체결 당시 공사시기 및 소요기간 등을 포함한 철거 또는 재건축 계획을 임차인에게 구체적으로 고지하고 그 계획에 따르는 경우

　나. 건물이 노후 · 훼손 또는 일부 멸실되는 등 안전사고의 우려가 있는 경우

　다. 다른 법령에 따라 철거 또는 재건축이 이루어지는 경우

⑧ 그 밖에 임차인이 임차인으로서의 의무를 현저히 위반하거나 임대차를 계속하기 어려운 중대한 사유가 있는 경우

2. 임차인의 계약갱신요구권은 최초의 임대차기간을 포함한 전체 임대차기간
이 10년을 초과하지 아니하는 범위에서만 행사할 수 있다.
3. 갱신되는 임대차는 전 임대차와 동일한 조건으로 다시 계약된 것으로 본다.
다만, 차임과 보증금은 제11조에 따른 범위에서 증감할 수 있다.
4. 임대인이 제1항의 기간 이내에 임차인에게 갱신 거절의 통지 또는 조건 변
경의 통지를 하지 아니한 경우에는 그 기간이 만료된 때에 전 임대차와 동
일한 조건으로 다시 임대차한 것으로 본다. 이 경우에 임대차의 존속기간은
1년으로 본다.
5. 제4항의 경우 임차인은 언제든지 임대인에게 계약해지의 통고를 할 수 있
고, 임대인이 통고를 받은 날부터 3개월이 지나면 효력이 발생한다.

권리금을 보장해줘야 한다는 결론을 내렸습니다. 결국은 그 세입자가 승
소했습니다. 상식적으로 법관은 건물 주인이 무리하게 세입자를 내보내
려 한 것으로 판단했기 때문에 이런 결론을 내렸습니다.

옛날에는 계약 종료 시 권리금을 포기한다는 내용이 들어 있는 임대
차 계약서를 많이 작성했습니다. 임대인과 임차인 사이의 권리금은 구체
적으로 주장할 수 없었기 때문입니다. 그런데도 예전에는 계약이 만료되
면 임대인이 갱신을 거절하는 경우가 많았습니다. 재계약 요구를 무리하
게 거절하자 임차인은 주인을 상대로 권리금을 요청했습니다.

관련 소송이 늘어나다 보니 아예 임대차 계약서에 '임차인은 임대인

상가임대차보호법 제10조의 4

1. 임대인은 임대차기간이 끝나기 6개월 전부터 임대차 종료 시까지 다음 각 호의 어느 하나에 해당하는 행위를 함으로써 권리금 계약에 따라 임차인이 주선한 신규임차인이 되려는 자로부터 권리금을 지급받는 것을 방해하여 서는 아니 된다. 다만, 제10조제1항 각 호의 어느 하나에 해당하는 사유가 있는 경우에는 그러하지 아니하다.

① 임차인이 주선한 신규임차인이 되려는 자에게 권리금을 요구하거나 임차인이 주선한 신규임차인이 되려는 자로부터 권리금을 수수하는 행위

② 임차인이 주선한 신규임차인이 되려는 자로 하여금 임차인에게 권리금을 지급하지 못하게 하는 행위

③ 임차인이 주선한 신규임차인이 되려는 자에게 상가건물에 관한 조세, 공과금, 주변 상가건물의 차임 및 보증금, 그 밖의 부담에 따른 금액에 비추어 현저히 고액의 차임과 보증금을 요구하는 행위

④ 그 밖에 정당한 사유 없이 임대인이 임차인이 주선한 신규임차인이 되려는 자와 임대차계약의 체결을 거절하는 행위

2. 다음 각 호의 어느 하나에 해당하는 경우에는 제1항제4호의 정당한 사유가 있는 것으로 본다.

① 임차인이 주선한 신규임차인이 되려는 자가 보증금 또는 차임을 지급할 자력이 없는 경우

② 임차인이 주선한 신규임차인이 되려는 자가 임차인으로서의 의무를 위반할 우려가 있거나 그 밖에 임대차를 유지하기 어려운 상당한 사유가 있는 경우

③ 임대차 목적물인 상가건물을 1년 6개월 이상 영리목적으로 사용하지

아니한 경우

④ 임대인이 선택한 신규임차인이 임차인과 권리금 계약을 체결하고 그 권리금을 지급한 경우

3. 임대인이 제1항을 위반하여 임차인에게 손해를 발생하게 한 때에는 그 손해를 배상할 책임이 있다. 이 경우 그 손해배상액은 신규임차인이 임차인에게 지급하기로 한 권리금과 임대차 종료 당시의 권리금 중 낮은 금액을 넘지 못한다.

4. 제3항에 따라 임대인에게 손해배상을 청구할 권리는 임대차가 종료한 날부터 3년 이내에 행사하지 아니하면 시효의 완성으로 소멸한다.

5. 임차인은 임대인에게 임차인이 주선한 신규임차인이 되려는 자의 보증금 및 차임을 지급할 자력 또는 그 밖에 임차인으로서의 의무를 이행할 의사 및 능력에 관하여 자신이 알고 있는 정보를 제공하여야 한다.

에게 권리금을 주장하지 않는다'는 내용을 넣기도 했습니다. 예전에는 임차인이 임대인에게 권리금을 주장하지 않았으므로 그 조문이 들어가든 안 들어가든 당연하다고 해석했는데 이제는 조금 달라졌습니다. 임차인이 임대인에게도 권리금을 주장할 수 있는 여지가 생겼습니다. 이제는 세입자가 나가면서 주인이 재계약을 거부해 새 임차인에게서 권리금을 받지 못하는 경우 손해배상을 요청할 수 있습니다.

종전과 달리 법률상 손해배상 주장을 할 수 있으므로 '손해배상을 주장할 수 없다'는 계약 조항이 효과를 발휘하면 법과 당사자 약정이 충돌

하게 됩니다. 특별한 경우가 아니면 법률이 있어도 당사자 약정이 우선이고, 약정이 없는 경우에는 법률을 적용하는 것으로 해석합니다. 그런데 경제적 약자를 보호하기 위해 제정된 조문이 많습니다. 이러한 규정이 있는 경우에는 당사자 사이의 약정보다 법률이 우선적으로 적용됩니다. 법에서 임대차의 경우에 임차인에게 불리한 약정은 효력이 없다고 규정했습니다.

지금은 권리금을 포기하는 약정을 하면 전과 달리 해석해서 '약정은 했지만 임차인에게는 그 약정이 강행법규에 위반되어 주장을 할 수가 없다'고 해석합니다. 옛날에는 '임대인은 권리금과는 상관없으므로 임차인이 권리금을 포기하는 것이 당연하다'고 해석했습니다. 이런 권리포기 약정도 법률 규정이 바뀌면 해석이 달라질 수 있습니다.

권리금은 경제적으로 가치가 있는 것임에는 틀림없지만 법적으로 규율하기는 상당히 복잡하고 다양하게 얽혀 있는 경우가 많습니다. 실제 권리금을 주고받을 때 같은 업종으로 가게를 인수하는 경우라면 의자 같

◆

• 서울고등법원의 판결

새 임차인을 주선했음에도 임대인이 이를 거절해 임차인에게 손해를 발생하게 했다. (…) 임대차 종료 당시의 권리금 감정가 1억 9,000여만 원과 이 돈에 대한 지연손해금을 지급하라.

내 권리금은 어떻게 보호받을 수 있을까 ────◆

은 비품을 그대로 사용할 수도 있습니다. 이렇게 시설까지 주고받게 되면 시설 권리금도 지불해야 합니다. 그러나 아예 다른 업종으로 들어가기도 합니다. 20년 전만 해도 빈 가게가 없어 권리금을 다 줘야 했습니다. 그러다 보니 이전 상가와 자신이 하려는 사업이 상관이 없는 경우에도 권리금을 내야 했습니다. 즉, 병원을 차리려고 당구장이 있던 곳을 계약하더라도 권리금을 줘야 했습니다.

• 강행규정

상가건물임대차보호법 제15조
이 법의 규정에 위반된 약정으로서 임차인에게 불리한 것은 효력이 없다.

권리금을 회수할 수 없는 사례

현재의 임차인이 새로운 임차인을 구해서 건물주에게 계약 승계를 요구할 때 건물주가 정당한 이유 없이 이를 거부할 경우 권리금 상당의 손해배상을 해서 임차인이 권리금을 회수할 수 있도록 보장하고 있습니다.

그러나 최근 정당한 이유가 있는지 없는지를 두고 대법원의 새로운 판례가 나왔습니다.

일반적으로 상가 계약은 계약 자유의 원칙에 의해 스스로 의사에 따라 결정합니다. 그런데 계약 자유의 원칙이 적용되지 않는 경우가 있습니다. 법률에 의해 일정한 절차를 거쳐야 하는 경우가 여기에 속합니다. 예컨대 국가나 지방자치단체, 공공기관인 학교법인은 경쟁입찰로 계약하도록 규정하고 있고, 수의계약은 아주 특별한 사유가 있는 경우로 한정하고 있습니다.

사립학교법에 의하면 학교법인의 입찰은 국가의 입찰과 같은 절차에 의해 계약하도록 규정하고 있습니다. 학교법인이 학교 소유의 재산을 임대차하는 경우, 새로운 임차인과의 계약은 임의로 진행할 수 없고 경쟁입찰을 통해 진행합니다. 권리금을 받기 위해 현재 임차인이 새로운 임차인을 구하더라도 계약을 자유롭게 맺을 수 없습니다. 경쟁입찰에서 임차인이 구한 새 임차인이 입찰에 성공한다는 보장이 없기 때문입니다. 이와 같은 경우 권리금을 보장해주지 못해 임차인이 손해배상을 요구하면 학교법인은 두 법률이 충돌해 피해를 입게 됩니다. 대법원 판결에서도 법률 규정에 의해 공정 경쟁입찰 방식으로 임차인을 구하는 경우에는 정당한 사유가 있다고 보아 임차인이 구해온 새로운 임차인과 계약하지 못한다 하더라도 이와 같은 경우에는 권리금을 보장해주지 않아도 된다고 판결했습니다.

이와 같은 판결에 따르면, 종전의 임차인이 그 장소에서 오랜 기간 영업을 통해 무형의 이익을 창출했다 하더라도 새로운 임대차 계약을 맺을 때는 아무런 보상을 받지 못하게 됩니다. 새로운 임대차 계약을 맺을 때 임대료 인상이 이루어질 수는 있지만 결국은 학교 수익으로만 돌아가는 점이 아쉽기는 합니다. 계약 자유의 원칙을 제약하고 있는 현행 사립학교법이 헌법에 위배되는 것이 아닌 이상 어쩔 수 없습니다. 다만 이와 같은 특수한 상황에서는 권리금 자체가 없어야 하는 것이 아닌지에 대해서도 생각해봐야 합니다.

바닥 권리금은 왜 생겼을까

이와는 별도로 또 다른 권리금이 있습니다. 바로 바닥 권리금입니다. 바닥 권리금은 서울에서도 드물게 생겨났습니다. 예를 들어, 상가를 보유한 사람이 기존 세입자를 다 내보낸 다음 건물을 새롭게 지어 올렸습니다. 신축인 만큼 시설도 좋고 세도 비쌌습니다. 그때 주인이 다시 들어오

◆

• 바닥 권리금

　상가 위치와 영업상의 이점 등에 대한 대가로 주고받는 권리금의 일종.

려 하는 기존 세입자에게 바닥 권리금을 요청했습니다. 즉, 바닥 권리금은 임차인이 주인에게 주는 권리금입니다.

　장사가 잘되면 보증금을 비싸게 받고 월세도 많이 받으면 되는데 건물 주인들이 별도로 바닥 권리금이라는 목돈까지 요구한 것입니다. 임차인들은 부당하다 생각했지만 실제로는 존재했습니다. 새 건물에서 장사를 하려는 사람은 주인에게 바닥 권리금을 내는 것이 일종의 관행이었습니다. 이것이 합법적인 권리금인지를 고려하다 바닥 권리금이 생기게 된 연유를 찾아봤습니다. 당시만 해도 현금으로 거래하고, 건물 주인과 다운 계약서도 쓰던 시절이어서 바닥 권리금은 세무 신고를 피하기 위해 만들어낸 것으로 추정합니다. 법률상으로는 권리금을 주고받는 경우 소득으로 잡히므로 세무 신고를 하고 세금을 내야 하지만 탈법적인 방식으로 바닥 권리금을 이용한 것이 아닌가 하는 생각이 듭니다.

새로운 방식의 임대차 사례

최근 스타벅스의 임대 계약 사례가 언론에 소개되었습니다. 스타벅스의 성공 요인은 여러 가지가 있겠지만 우수한 IT 인력을 통한 새로운 판매 전략도 그중 하나라고 봅니다. 또 하나의 성공 요인은 임대차 계약입니다. 스타벅스가 입점하면 그 동네가 좋아진다며 건물 주인들이 반깁니다.

스타벅스는 그다지 높지 않은 보증금에 기본 차임을 정하고 일정 수익을 올리면 그 이상부터는 수익 비율에 따라 임차 금액을 높이는 방식으로 계약을 한다고 합니다. 건물 주인은 장기간 임대차 계약을 해도 임차인에게 차임을 올려달라고 이야기할 필요가 없습니다. 스타벅스의 매출은 전산으로 투명하게 잡히고 그 비율에 맞춰 임대인에게 정산하는 시스템이므로 수익 비율로 계약하는 방식이어도 안심하고 계약하는 것 같습니다. 최근 우리나라에서 자영업자들이 코로나19로 어려움을 많이 겪고 있는데, 그중에서 제일 큰 것이 고정비인 차임 문제입니다. 정부에서는 건물 주인에게 '착한 임대인'이 되기를 요청하면서 임차인의 월세를 깎아주면 세금으로 보전해주겠다고 합니다. 그러나 임대인 역시 자본을 투자하고 은행에서 융자를 받았다면 차임을 깎아주면 자신의 비용이 상승하므로 이를 장기간 시행하기는 어렵습니다. 스타벅스와 같은 방식의 임대 계약을 하면 어려울 때는 다 같이 고생하더라도 수익이 좋을 때는 모두에게 이득이므로 보증금이나 임대료에 관련한 시비가 적습니다.

외국의 경우를 살펴보니, 주택의 경우 임차인에 따라 차임이 달라집니다. 우리나라는 집의 크기나 지역에 따라 보증금이 달라지지만 홍콩이나 싱가포르같이 많은 외국인들이 고급 주택을 임대해 살고 있는 경우, 신분을 보증할 수 있고 차임을 낼 것이 확실한 사람에게는 임차료를 10퍼센트 정도 깎아줍니다. 주인 입장에서는 공실이 없어 좋고, 임대해 사는 사람은 저렴하게 살 수 있어 좋습니다.

우리나라의 경우는 물건에 임대료를 맞춰가다 보니 차임을 안 내고

이사도 안 가서 애를 먹이는 사람을 만나면 집주인이 몇 년간 손해를 보는 경우도 생깁니다. 그럴 바에는 은행 대출처럼 신용도에 따라 차임을 조절해주면 임대사업 경제가 더 원활하게 돌아가지 않을까 생각해봅니다. 선진적인 계약을 통해 여러 가지 법률적 문제를 보완해주면 당사자들의 계약과 문제 해결이 조금 더 쉬울 것 같습니다.

02

부동산 거래에서
내 권리를 지키려면

       최근 우리나라의 부동산 가격이 급등하면서 많은 사람들이 부동산을 관심 있게 지켜보고 있습니다. 제가 대학에서 공부하던 시절에 비하면 지금의 부동산 거래는 관념이 많이 바뀌었습니다. 게다가 부동산 거래 과정에서 일어나는 법률 논쟁들을 해석하는 관점도 예전과는 많이 달라졌습니다.

부동산은 어떻게 계약하게 되는가

부동산을 매매하고자 하는 사람들은 보통 공인중개사 사무실에 찾아가서 조건에 맞는 매물을 직접 살펴본 다음 계약을 합니다. 구매를 원하는 사람은 파는 사람(부동산 주인)과 계약하게 됩니다. 이때 계약 상대방이 내가 원하는 부동산의 주인임을 확인하는 과정이 필요합니다. 이를 위해서는 등기부등본에 계약자의 이름이 올라 있는지를 확인해야 합니다.

등기부등본에는 소유자의 이름이 기재되는데, 부동산 소유주인 본인이 올리지 않는다면 등기 주인이 누구인지 확인할 길이 없습니다. 따라서 물건을 매수하는 사람이 등기를 해야 합니다. 등기를 하지 않으면 계약 후 잔금까지 지급했다 하더라도 법으로는 소유권자로 인정하지 않습니다. 권리를 행사하기 위해서 부동산을 취득하면 바로 등기를 해야 합니다.

팔 때도 마찬가지입니다. 소유자의 이름으로 등기가 되어 있지 않다면 아무도 그 소유자에게 부동산을 사려 하지 않을 것입니다. 이를 공시(公示)의 원칙이라고 합니다. 주인이 누구인지를 등기부를 통해 일반인에게 알려준다는 뜻입니다.

등기제도가 우리나라에 도입될 때부터 공시의 원칙이 지켜졌던 것은 아닙니다. 적어도 60년 내지 70년간은 이 원칙이 잘 지켜지지 않았습니다. 처음에는 정부에서 시행하는 등기제도가 귀찮아서 등기를 안 했다고 말하는 사람들이 많았지만 실은 세금 문제를 피하기 위해서 등기를 하지 않은 경우가 더 많았습니다.

등기를 하면 취득세와 등록세를 내야 합니다(지금은 취득세와 등록세를 통합해서 냅니다). 지금도 이런 비용이 상당하지만 예전에도 이 비용이 적지 않았기에 등기를 하지 않는 사람이 많았습니다. 그래도 당시에는 등기하지 않은 사람들을 보호하지 않을 수는 없었으므로 그 방법을 두고 많은 학자들이 연구했습니다. 그렇게 나온 것이 '부동산소유권은 물권(物權)으로, 물권을 취득하지는 못했지만 취득할 권리를 가지고 있다'라는 뜻의 '물권적 기대권을 가지고 있다'고 보았습니다. 이렇게 법에서는 등기를 하지 않은 사람도 보호하려고 노력했습니다.

세월이 흘러 지금은 비용이 많이 들더라도 등기를 하지 않으면 소유권을 인정하지 않기 때문에 부동산을 거래한 사람들은 등기를 합니다. 등기하지 않고 있다가 매도인이 다시 다른 사람에게 팔아버리고 등기까지 넘겨주면 소유권을 취득하지 못하는 불이익을 받게 됩니다. 현재 물

• 공시의 원칙

배타적인 권리의 변동은 점유, 등기, 등록 따위의 다른 사람이 인식할 수 있는 요건을 갖추지 않으면 완전한 효력이 발생하지 않는다는 원칙.

권적 기대권 이론은 거의 활용되지 않습니다.

동산(動産)의 경우는 부동산과는 다릅니다. 동산을 등록한 뒤 일일이 그 주인을 확인하는 것은 불가능하기 때문입니다. 동산은 가지고 있는 사람에게서 사면 됩니다. 그 물건을 가지고 있는 사람에게서 돈을 주고 사면 판 사람이 주인이 아니더라도 동산은 소유권을 취득합니다. 이를 선의취득(善意取得)이라고 합니다. 예외적인 경우로 장물이거나 타인이 강도해온 물건, 사기해온 물건인지 알면서도 산 경우에는 주인에게 돌려줘야 하지만, 그렇지 않은 경우에는 물건을 가지고 있는 사람에게 사면 됩니다.

그 외 부동산이나 동산이 아니면서 거래되는 것도 있습니다. 어음이나 주식과 같은 권리, 특허권이나 저작권과 같은 지식재산권도 당연히 거래의 객체가 됩니다. 이런 경우는 각각 특별법에서 요구하는 절차를 밟아야 합니다.

· 선의취득

민법 제249조
평온, 공연하게 동산을 양수한 자가 선의이며 과실없이 그 동산을 점유한 경우에는 양도인이 정당한 소유자가 아닌 때에도 즉시 그 동산의 소유권을 취득한다.

법무사의 도움을 받으면 편리하다

최근 40대 변호사와 이야기를 나누던 도중 사법서사(司法書士)가 무엇을 하는 사람인지 모른다고 해서 놀랐습니다. 제게는 어렸을 때부터 너무 익숙한 직업의 한 종류였기 때문입니다. 따져보니 사법서사 제도라는 명칭은 1990년대 초에 이미 법무사라는 이름으로 대체되었습니다.

우리나라의 근대화가 진행되는 과정에서 법원과 검찰청이 생겼고 재산에 관해서는 등기제도가 생겼습니다. 새로운 제도들에 발맞춰 민간에서도 제도를 운영할 사람이 필요해졌습니다. 법률제도와 관련한 업무는 변호사가 담당했으나 법률이 제정되던 초창기에는 변호사를 양성할 여력이 부족했기에 이와 같은 일을 할 사람을 필요로 하게 되었습니다. 따라서 변호사의 업무 중 간단하고 기초적인 법률 업무는 별도의 자격증을 부여해 처리하는 것이 좋겠다는 취지에서 사법서사 제도가 생겼습니다.

1970년대에 군에서 법무관으로 근무하던 당시에는 군사법원에서 판사 역할을 맡은 사람을 군법무관이라고 불렀습니다. 그리고 검사 역할을 맡은 군법무관은 검찰관이라고 불렀습니다. 당시는 군사법원이 아니라 군법회의라고 했습니다. 군법회의에서는 심판관과 군법무관 3명 혹은 5명이 법원을 구성해 재판을 진행했습니다. 법률 용어로는 이를 참심재판(參審裁判)이라고 합니다. 지금도 독일에서는 형사재판을 참심재판으로 진행하고 있습니다. 그런데 군법회의법이 군사법원법으로 개정되면서 법무관을 군판사로 개칭했습니다. 당시 사법서사회장을 비롯한 임원진은 이런 법 개정을 보고 사법서사라는 명칭을 법무사로 개칭하고자 노력했고 이후 법무사법이 새로 생겼습니다. 이제는 사법서사보다 법무사가 더 익숙한 용어가 되었습니다.

원래 법무사는 시험을 거쳐 자격을 부여했지만 실제로는 시험을 치르지 않았습니다. 그 대신 법원이나 검찰청에서 일정 기간 근무한 경력직 공무원에게 법무사 자격을 부여했습니다. 이것이 문제가 되어 헌법재판소에서는 경력직 공무원에게만 직업의 이득을 주는 것이 직업 선택의 자유를 침해하는 것이라고 보아 위헌이라고 결정했습니다. 후에 법무사 시험이 실시되었습니다. 초반에는 경력직 공무원은 시험을 면제받았으나 이제는 일부 과목 면제로 바뀌었습니다.

법원에서는 1990년 초반부터 9급 공채로 500명 정도의 인원을 뽑았고, 1년에 걸쳐 임용하는 동안 100명에서 150명 정도는 다른 직장으로 이직했기 때문에 실제로는 350명 정도만 임용했습니다. 그러다 1997년 IMF 이후로는 선발 인원 전부인 500명이 법원 공무원으로 임명되었습니다. 이후로는 매년 500명씩 인원 손실 없이 법원의 직원으로 임명하고 있습니다.

법무사들은 법원이나 검찰청에 제출하는 서류를 작성하고 당사자를 대리해 서류를 제출하는 일을 합니다. 소장이나 준비서면 고소장을 제출하기도 합니다. 경매 분야에서 일하는 법무사는 경매 관련 서류를 준비합니다. 또 법무사들의 가장 중요한 업무 중 하나는 등기 업무입니다. 부동산소유권 이전등기 또는 근저당 설정등기를 법무사들이 주로 처리하

부동산 거래에서 내 권리를 지키려면 ⟶ ◆

고 있습니다. 그런데 2000년 이후에 업무에 큰 변화가 일어났습니다. 등기 전산화가 시행되면서 등기에 대한 관할구역이 사실상 사라지게 되어 전국의 모든 사건을 모든 법무사가 처리할 수 있게 되었습니다.

이제는 멀리 떨어진 시골 땅의 등기도 소유자가 서울 사람이면 서울의 법무사가 처리할 수 있으므로, 예전처럼 해당 지역 법무사가 처리하던 관행이 사라졌습니다. 등기 전산화로 인해 간단한 등기는 법무사의 도움 없이도 개인이 직접 신청 가능해서 법무사의 업무가 줄어들기도 했습니다. 또 로스쿨이 도입된 이후 변호사가 많이 배출되었습니다. 변호사 수는 3만 명에 육박하는데 법무사 수는 6,000명에서 7,000명 정도입니다. 이에 변호사들이 등기 업무에도 많이 진출하고 있어서 법무사의 입지가 좁아진다고 보는 시각도 있습니다. 사회가 발전하는 과정에서 새로운 직업이 생기기도 하고 있던 직업이 사라지기도 합니다. 법무사 제도는 어떻게 발전하게 될지 궁금해집니다.

시골에는 등기 안 된 토지가 많았다

의외로 시골에는 등기를 하지 않은 상태로 이어져 내려온 땅이 많습니다. 우리가 상상하는 이상으로 굉장히 많습니다. 그래서 등기가 안 된 부동산 문제를 해결하기 위해 특별조치법을 여러 번 만들었습니다. 땅 주인이 이미 사망한 경우, 상속인을 일일이 찾아 등기를 넘겨받기가 사실

• 부동산소유권 이전등기 등에 관한 특별조치법(부동산소유권이전등기법)의 목적

부동산소유권 이전등기 등에 관한 특별조치법 제1조

제1조(목적) 이 법은 「부동산등기법」에 따라 등기하여야 할 부동산으로서 이 법 시행 당시 소유권보존등기가 되어 있지 아니하거나 등기부의 기재가 실제 권리관계와 일치하지 아니하는 부동산을 용이한 절차에 따라 등기할 수 있게 함을 목적으로 한다.

• 부동산소유권 이전등기 등에 관한 특별조치법(부동산소유권이전등기법)의 정의

부동산소유권 이전등기 등에 관한 특별조치법 제2조

이 법에서 사용하는 용어의 뜻은 다음과 같다.

1. "부동산"이란 이 법 시행일 현재 토지대장 또는 임야대장에 등록되어 있는 토지 및 건축물대장에 기재되어 있는 건물을 말한다.
2. "대장"이란 「공간정보의 구축 및 관리 등에 관한 법률」에 따른 토지대장·임야대장 또는 「건축법」에 따른 건축물대장을 말한다.
3. "소유자미복구부동산"이란 대장에 소유명의인이 등록되어 있지 아니한 부동산을 말한다.
4. "대장소관청"이란 「공간정보의 구축 및 관리 등에 관한 법률」 및 「건축법」에 따라 대장을 관리하는 특별자치시장·특별자치도지사·시장·군수·구청장(자치구의 구청장을 말한다. 이하 같다)을 말한다.

상 어렵습니다. 조부모의 소유로 내려오던 토지의 경우 조부모가 사망한 이후 상속등기가 복잡해 상속 문제가 해결되지 못한 경우도 많습니다. 후대 상속인 중에서 등기할 사람이 20명 이상인 경우도 있고, 그중 일부는 외국에 사는 경우도 있습니다. 이처럼 등기를 이전하기가 어렵기 때문에 특별조치법을 만들어 보증인들이 보증하면 등기를 할 수 있도록 법을 일부 변경했습니다.

부동산을 판 경우에도 매매한 후 등기를 넘겨준다고 해서 모든 문제가 해결되는 것이 아니었습니다. 만약 토지를 판 후 계약을 취소하는 경우에는 등기를 다시 찾아와야 합니다. 즉, 매수자 명의의 등기를 말소해야 합니다. 등기를 바로 찾아오면 좋은데 시간이 흐르는 사이에 다시 제삼자가 소유권을 취득할 수가 있습니다. 이렇게 되면 사안이 복잡해집니다.

우리가 법률계약을 하면 취소할 수 있는 계약이 있고 처음부터 무효인 계약이 있습니다. 취소할 수 있는 계약은 취소를 하면 무효가 됩니다. 매매계약을 취소하면 등기명의를 원 소유주 앞으로 돌려야 합니다. 말소 소송 또는 회복소송을 통해 등기명의를 찾아오면 좋은데, 그사이에 제삼자가 과거의 거래 이력을 모르고 매매해 등기를 해버린 경우도 있습니다. 제삼자는 등기를 믿고 샀기 때문에 보호가 됩니다. 결국 원 소유주가 그 토지를 소유하지 못하는 경우도 있습니다.

아예 원천적으로 무효가 되는 경우도 있습니다. 등기를 넘겨주는 과정이 완전한 강압에 의한 경우입니다. 이럴 경우 강압에 의해 토지를 판 원 토지 주인은 억울할 수밖에 없습니다. 원하지 않았지만 협박에 의해 계약을 맺었기 때문입니다. 이런 경우는 그 등기를 무효로 판단합니다. 그런데 이 땅을 새로 산 세 번째 사람은 그 전 사람이 어떻게 취득했는지는 모를 수 있습니다. 세 번째 소유자는 등기가 협박에 의해 갈취한 사람의 명의로 되어 있으니 그 등기를 믿고 소유권을 매매한 다음 소유권 등기를 합니다. 이런 경우 우리나라 법에서는 한 번 무효가 되면 그 뒤에 등기가 몇 번 더 되더라도 전부 무효라고 판단합니다. 결국은 최종적으로 구매한 세 번째 사람은 토지 소유권을 상실하게 됩니다.

　예전에는 이런 문제가 적었습니다. 대부분 한 지역에서 나고 자랐으므로 지역의 부동산을 사고팔면 지역사회 사람들이 그 사실을 알았습니다. 그러나 지금은 세세한 내역을 알 수 없는 경우가 많습니다. 또 소유권만 취득하는 것이 아니라 돈을 빌려주고 난 뒤 저당권을 취득하는 경우도 있습니다. 원인무효가 되었는데도 우리나라 법제는 아직까지 그 등기를 믿고 땅을 사거나 근저당을 설정한 사람을 보호하지 않습니다.

◆

공신(公信)의 원칙

공시 방법을 믿고 거래한 사람에 대하여 비록 그 공시 방법이 진실한 권리관계와 일치하지 않더라도 그 권리관계를 공시된 대로 존재하는 것처럼 다루어서 그 사람의 신뢰를 보호해야 한다는 원칙.

이렇게 등기를 보호해주는 것을 공신의 원칙이라고 합니다. 공적인 장부를 믿은 사람을 보호해준다는 뜻입니다. 그런데 우리나라 법은 아직 이 제도를 채택하고 있지 않아서, 등기를 했더라도 말소소송을 당하면 소유권을 뺏기게 됩니다. 학자에 따라서는 소유권은 뺏기더라도 최종적으로 토지를 매수한 사람은 자신에게 부동산을 판 사람에게 손해배상을 요구할 수 있으므로, 손해배상을 받으면 크게 손해가 없다고 보기도 합니다. 그러나 판 사람을 찾지 못할 수도 있고, 판 사람이 외국에 거주하는 경우 등 현실적으로 권리를 구제받을 길이 없는데도 이미 자신의 소유가 된 부동산을 내놓아야 하는 경우가 생깁니다. 우리나라에서는 아직까지 공신의 원칙을 채택하지 않아서 이런 일이 벌어지기도 합니다.

대한민국을 뒤흔든 중곡동 토지 사건

1960년대 초반에 공신의 원칙 때문에 큰 사건이 하나 발생했습니다. 바로 '중곡동 토지 사건'입니다. 의친왕 이강은 순종의 동생이자 고종황제의 다섯째 아들입니다. 이강의 큰아들은 이건이라는 사람으로 중곡동에 있는 10만 평 토지의 원 소유주였습니다. 이건은 중곡동 토지를 A라는 사람에게 넘겨주었습니다. 그가 중곡동 토지를 A에게 넘긴 이유는 명확하지 않습니다. 이건은 A에게 명의신탁으로 토지를 주었다고 했습니다. 이후 A는 B에게 중곡동 토지를 팔았습니다. 그런데 이 과정에서 A는

B에게 계약금만 받은 상태에서 등기를 이전해주었습니다.

그러나 잔금을 치르지 않은 상태에서 이건은 B에게 이 땅을 다시 팔았습니다. B는 이건에게 중곡동 토지를 사면서 A에게는 잔금을 지급하지 않았습니다. 나중에 B가 A에게(피고가 원고에게) 잔금을 전부 치렀으면 문제가 없었습니다. 왜냐하면 그 돈으로 이건과 A가 문제를 해결할 수 있었기 때문입니다.

A(원고)는 잔금을 받지 못했다는 이유로 B(피고)를 상대로 소송을 했습니다. A는 기존 등기(A가 B에게 팔았던 등기)는 무효라고 주장하는 말소소송을 진행했고 승소했습니다. 이렇게 A가 B에게 준 등기는 말소되었고, 최종으로 중곡동 토지는 A(원고)의 재산이 되었습니다.

A는 중곡동 토지를 조각내 대략 500명 이상에게 나누어 팔았습니다. 그런데 피고인 B가 재심을 신청했습니다. 재심소송의 목적은 A가 B를

(좌)의친왕 이강
(고종황제의 다섯째 아들,
1877~1955)

(우)이건
(이강의 큰아들, 1909~1990)

부동산 거래에서 내 권리를 지키려면 ◆

상대로 진행한 말소소송을 무효로 돌리는 소송이었습니다. 1심, 2심에서는 B가 졌는데 대법원에서는 재심청구 이유가 타당하다고 보아 원무효소송이 다시 파기되었습니다. B(피고)가 토지를 찾게 되면 A(원고)에게 토지를 구매한 사람들은 모조리 소유권을 상실할 위험에 놓이게 되었습니다.

이 사건은 1962년도에 소송이 제기되었으나 대법원에서 파기환송을 했습니다. 즉, B의 재심청구가 타당하다고 보아 무효소송을 파기했는데 환송받은 고등법원에서는 대법원이 틀렸다는 취지로 이를 반대했습니다. 원래 청구가 파기환송되면 그대로 대법원까지 이어져야 하는데 다시 반대 의견을 제시하는 바람에 또 재판을 받았습니다. 대법원에서는 다시 파기환송을 했는데 고등법원에서 이에 따르지 않고 또다시 반대 취지로 판결해서 올렸습니다. 그렇게 재판이 세 번이나 대법원에 올라갔습니다.

그런데 그사이에 A에게서 토지를 매매한 500명의 구매자들이 들고일

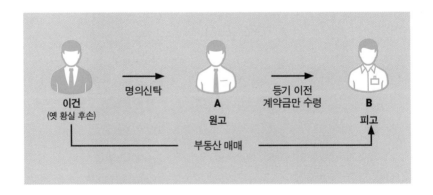

어났습니다. 우리가 무슨 잘못이 있느냐고 항의하여 결국은 B(피고) 측
에서 선의로 취득한 사람에게는 권리를 포기하겠다고 선언했습니다. 이
판결은 결국 대법원에서 세 번 파기 환송한 그 취지대로 종결됐습니다.
우리나라에서 판결하는 데 가장 오래 걸린 대표적인 사건이 바로 '중곡
동 토지 사건'으로 최종적으로 해결되기까지 17년이 걸렸습니다. 법적으
로는 B가 최종적으로 승소했지만 아무런 이익이 없는 사건이 되었습니다.

당시 사건을 보도한 신문기사

《매일경제》 　　　　《조선일보》
1979년 10월 13일 　　1979년 10월 13일

제도를 고치려면 무엇이 필요할까

앞에서도 언급했듯 우리나라는 아직 공신의 원칙을 채택하지 않고 있습니다. 따라서 공신의 원칙을 우리나라에 도입하고자 하면 이 제도가 실제 적용 가능한지 살펴봐야 합니다. 등기부등본을 믿고 산 사람을 보호하기 위해 법을 개정하면 원 소유자가 권리를 상실하게 됩니다. 등기를 하는 과정을 보면 거래 당사자들이 합의하에 도장을 찍은 다음에야 계약이 되고 등기가 되는데 아예 서류를 완전히 위조해서 등기를 하는 경우도 있습니다. 토지 주인도 모르는 사이에 다른 사람에게 소유권이 이전되는 경우가 생깁니다. 토지 사기를 당한 사람들의 경우를 살펴보면 인감증명까지 위조해 등기를 옮긴 다음 다른 곳에 저당을 잡히거나 팔아버리는 일이 있습니다. 원 토지 주인은 나중에야 그 사실을 알게 됩니다. 공신의 원칙이 적용되면 이런 경우에는 원 소유자가 권리를 회복할 수 없어 피해를 입게 됩니다.

이런 피해를 보상받을 길이 없다 보니 독일에서는 등기할 때 등기하는 사람이 일정한 돈을 보험료로 내게 하고 그 돈을 모아 이런 사고가 발생했을 때 보상을 위한 재원으로 사용하기도 합니다. 등기는 매매 당사자의 공동신청을 통해 이루어지는데, 등기위임을 받는 법무사가 부동산 원 주인을 확인하는 것이 수월하게끔 공증인과 같은 별도의 제도를 이용해 당사자임을 확인하는 과정을 더 철저하게 한다면 허위로 등기가 될 위험이 줄어들 수 있습니다. 그러나 이럴 경우 비용이 추가로 발생합니다. 결국은 돈 문제로 귀결되기도 합니다. 등기하는 과정에서 돈을 조금 더 갹출해 만약의 사태에 대비하는 것이 필요하지 않을까 생각합니다.

03

등기가 있어도
보호받지 못하는 경우를
주의하라

우리나라는 등기할 때 돈을 굉장히 많이 냅니다. 등기를 하지 않으면 국가는 세금을 걷을 방법이 마땅치 않기 때문입니다. 지금은 취득세와 등록세 모두 등기소에서 처리할 수 있습니다. 여기에 공신력을 인정하기 위한 비용까지 추가하면 비용 부담이 높아진다는 반론이 있을 수 있습니다.

예전에 등기를 소홀히 한 이면에는 이와 같은 비용부담 문제가 있었기 때문입니다. 자신이 경작하고 있는 땅이므로 감히 다른 사람이 자기 땅의 소유권을 주장하지 못하리라 생각했던 것입니다.

등기를 믿었음에도 보호되지 않는 경우가 있다 보니 추가 제도로 보완합니다. 바로 시효취득입니다. 이는 물건이나 권리를 일정한 기간 계속해서 점유하는 사람에게 그에 대한 소유권을 주는 제도입니다.

우리나라의 시효취득은 두 가지 경우에 가능합니다. 우선 타인의 토지를 20년간 자신의 것처럼 사용하면 시효취득할 수 있습니다. 이때 사용한 지 20년이 지나자마자 자동으로 자신의 소유가 되는 것이 아니고, 20년이 됐을 때 현재 명의인을 상대로 소유권을 넘겨달라고 요청해 시효취득을 통해 이전등기를 받아야 소유권이 취득됩니다. 매매한 것과 같습니다. 그때는 매매한 것과 똑같이 등기를 받아야 합니다.

등기부를 믿고 부동산을 매수해 계속 살고 있음에도 이전 소유자의

◆

• 점유로 인한 부동산소유권의 취득 기간

민법 제245조

1. 20년간 소유의 의사로 평온, 공연하게 부동산을 점유하는 자는 등기함으로써 그 소유권을 취득한다.

2. 부동산의 소유자로 등기한 자가 10년간 소유의 의사로 평온, 공연하게 선의이며 과실없이 그 부동산을 점유한 때에는 소유권을 취득한다.

등기가 무효가 되면 현재 소유한 사람의 등기까지 원인무효가 됩니다. 자신이 거주하고 있는 부동산의 등기가 없는 것이나 마찬가지입니다. 그러나 취득한 부동산에서 10년 넘게 거주한 경우에는 '등기부 취득시효'를 적용합니다. 즉, 등기한 상태에서 10년간 거주하면 소유권을 취득하도록 되어 있습니다. 원인무효이긴 하지만 등기가 되어 있으므로 10년이 지나면 자연히 자신의 소유가 됩니다. 이처럼 공신의 원칙이 없더라도 오래 거주하면 보호를 받을 수도 있습니다.

옛날에는 등기 절차가 수월해서 자기 이름으로 등기를 하지 않는 사람들이 많았습니다. 예를 들어, 본명 대신 '박갑돌'이라는 가명으로 등기를 신청해도 그대로 받아주었습니다. 물론 등기에는 '박갑돌'로 기재됩니다. 후에 이 토지가 자기 것이라고 주장해도 상대방이 "당신은 박갑돌이 아니므로 이 땅은 당신의 땅이 아니"라고 할 수 있습니다. 주민등록번호가 생기기 이전의 이야기입니다.

등기를 신청하면 등기소에서 등기 도장을 찍어 등기를 마친 다음 원소유주에게 다시 돌려줍니다. 이것이 바로 등기권리증으로 소위 '집문서'라고 불리는 권리증입니다. 등기를 할 때 '박갑돌'이라는 가명을 기재했다면 '박갑돌'로 기재된 등기권리증을 가지게 됩니다. 후에 부동산을 매매하려면 본명으로 등기를 바꾸는 성명 정정 신청을 통해 부동산을 팔 수 있었습니다. 등기권리증은 등기했다는 것을 증명하는 문서이므로 없어도 상관없습니다. 그러나 등기권리증이 없으면 매매할 경우 절차가 복잡했습니다. 반드시 등기권리증을 가지고 등기 신청을 해야 했는데 이를 분실하는 경우도 생깁니다. 등기권리증을 분실하면 이전등기를 신청할 때 보증인을 2명 선정해야 했습니다. 등기자와 부동산 소유주가 같은 사람이라고 보증할 경우 등기를 할 수 있었습니다. 주민등록번호를 사용하기 전에는 이렇게 가명으로도 등기를 많이 했습니다.

게다가 주소를 옮길 수 있다는 점을 악용해 토지 사기꾼들이 토지를 탈취하기도 했습니다. 사기꾼들이 주로 이용한 방법 중 하나는, 장기간 아무도 권리를 행사한 흔적이 없는 땅, 즉 저당도 설정되지 않고 압류 사실도 없는 토지를 찾아낸 다음 동일한 이름을 지닌 사람을 내세워 대리인의 주소지를, 즉 주민등록을 그 토지에 옮기게 하는 것이었습니다.

이름이 같은 사람이 많다는 점을 악용하기도 했습니다. 예를 들어 김정숙 같은 평이한 이름이 주인인 토지를 발견하면, 토지 사기단은 다른 김정숙을 구해 그 땅으로 주소지를 옮기게 한 다음 팔거나 저당 잡아 금전적 이득을 취했습니다. 그 땅에 이름을 올린 거짓 명의인을 토지 사기단에서는 '바지'라고 합니다. 이렇게 한때 '바지 사장'처럼 움직이는 토지 사기단이 많았습니다. 실명등기법 이후에는 반드시 주민등록증을 첨부하고 등기에 주민등록번호도 기재하기에 과거에 등기가 허술할 때 일어났던 사건들이 지금은 거의 일어나지 않습니다.

마지막으로 등기를 마친 후 받게 되는 등기권리증은 등기전산화가 이뤄진 지금도 여전히 필요한 제도입니다. 권리증을 보관하고 있어야 매도할 때 발생할 수 있는 불필요한 비용과 시간을 줄일 수 있기 때문입니다.

등기 전산화로 인한 시대의 변화

부동산 등기부 관리 체계도 많은 변화가 있었습니다. 우리가 부동산을 사고팔거나 전월세 계약을 하거나 근저당 설정 등을 할 때는 반드시 등기부를 확인합니다. 그런데 예전에는 등기부를 확인하는 것이 상당히 번거로웠습니다. 등기부는 등기소에서 보관하기 때문에 반드시 그 지역의 등기소에 가야만 그 토지의 등기부를 확인할 수 있었습니다. 만약 제주도에 땅이 있다면 제주도 등기소에 가서 확인해야 했습니다.

예전에는 등기부가 책자 형태로 되어 있었기에 수많은 토지, 건물에 대한 등기부의 양이 등기소 건물의 절반을 차지할 정도로 많았습니다. 등기부등본을 발급받기 위해서는 그 토지에 대한 기록이 있는 책을 찾아 해당 페이지를 확인하고 복사한 뒤에야 등기부등본이 완성되었습니다. 하루에도 많은 이들이 발급을 요청해서 등기소에는 민원이 끊이지 않았습니다.

등기부는 사실 시간을 다투어 권리관계 순서를 정해주기 때문에 즉시 확인할 필요가 있습니다. 매매 잔대금을 줄 때까지 아무런 이상이 없는지, 혹은 전세계약 잔금을 주고 입주할 때까지 이상이 없는지 한 번 더 확인할 필요가 있습니다. 그러나 예전에는 확인하는 데 시간이 오래 걸리다 보니 등기부 확인을 사실상 포기하는 경우도 많아 사기 사건에 연루되는 일도 종종 있었습니다.

등기 전산화로 업무량도 많이 가벼워졌습니다. 예를 들어 한 아파트에 1,000세대가 입주하는 경우 그 1,000세대에 대해 소유권 이전등기를 합니다. 최초에는 보통 은행 융자 때문에 저당권도 설정합니다. 1,000세대의 서류를 손으로 일일이 적었으니 등기소의 업무량은 상상 이상이었습니다.

법무사 업무는 여러 사람이 나눠 할 수도 있지만 등기소에서는 한 사람이 처리했습니다. 법무사는 법무사대로 등기신청 서류를 손으로 써서 내고 이후에 등기소에서는 또 손으로 써서 등기부를 작성했습니다. 그래서 등기소 건물의 절반은 서류 창고입니다. 아시다시피 책은 굉장히 무겁습니다. 그래서 건물을 튼튼하게 지어야 했고, 수재나 화재에 대한 대비도 필요합니다. 밤낮으로 항상 비상 상태였으므로 관리가 상당히 어려웠습니다.

이제는 등기 전산화가 되어 관리가 수월해졌습니다. 담당자가 자료를 입력하면 그다음 담당자가 이어받아 전산으로 진행하니 일이 신속하게 처리됩니다. 게다가 땅이 제주도에 있든 서울에 있든 인터넷으로 신청하면 바로 등기가 이루어집니다. 이제는 등기소의 소재지가 의미가 없습니다.

등기소에서 장부를 보관할 필요가 없어지면서 등기소의 규모가 옛날만큼 클 필요도 없어졌습니다. 등기 자료는 모두 전산화해 이중, 삼중으로 백업하는 안전장치를 만들었습니다. 어느 한 곳에 화재가 나더라도 다른 백업 자료를 바탕으로 복원할 수 있기 때문에 지금은 거의 완벽하게 등기 전산화가 이루어졌습니다.

등기가 있어도 보호받지 못하는 경우를 주의하라 ◆

이와 같은 등기 전산화가 가져온 다른 변화도 있습니다. 우선 등기소가 통폐합되었습니다. 등기소는 관할구역이 있을 때 의미가 있는데 전국을 하나의 온라인 공간에서 관리하게 되면서 토지를 기반으로 한 관할구역은 사실상 의미가 없어졌습니다. 그래서 지금은 광역 등기소 체제로 변화하게 되었습니다. 지방에는 아직 등기소가 있는 곳이 일부 있지만 곧 광역 등기소 형태로 통폐합되리라 생각합니다. 또 등기부 열람뿐 아니라 신청도 온라인으로 할 수 있으므로 굳이 등기소를 방문할 필요가 없습니다. 예전 관행 중 하나였던 '급행료'도 사라진 지 오래입니다. 전산화가 가져온 선진 사법의 한 예가 아닐까 합니다.

옛날에 등기되었던 아파트와 같은 공동택지의 경우 손으로 썼던 등기가 아직 남아 있기는 합니다. 당시는 집합건물에 관한 법률이 없을 때였기 때문에 1,000명의 공유 땅 같은 것들이 남아 있다고 합니다. 전산화하기도 어려워 특별 관리하는 대상이 일부 남아 있지만 전체적으로 전산화가 잘 이루어졌습니다.

명의신탁으로 인한 소유권 취득과 등기

마지막으로 살펴볼 부분은 명의신탁입니다. 명의신탁은 등기에서 나왔습니다. 원래 부동산을 매매하면 매수자 이름으로 등기하기 마련인데 실제로는 매수자 이름으로 등기되어 있지 않은 물건들이 있습니다. 소유자의 이름으로 등기를 하지 않은 경우라면 사연이 있기 마련입니다. 이미 집이 있는 사람이 1채를 더 산다면 1가구 2주택이 되어버리므로, 세금을 덜 내기 위해 가족 중 무주택자인 사람의 소유로 등기를 해두는 경우가 명의신탁에 속합니다.

또 세금 문제가 아닌데 명의신탁을 하는 경우도 있습니다. 우리나라는 일제강점기 때 측량을 실시하면서 등기부를 처음 만들었습니다. 우리나라 토지 중 상당 부분이 종중의 소유입니다. 옛날에는 종중 땅을 등기하는 방법이 없었습니다. 토지조사를 하면 그 종중에 있는 사람 이름을 적고 옆에 괄호를 넣어 '종중 소유'라고 표시를 해두었습니다. 그러나 등기는 괄호를 넣어 표기할 수 없으므로 개인 이름으로 등기를 해두었습니다.

따라서 실제 토지 주인은 종중인데 등기부에는 중종원(宗中員)으로 정리되었습니다. 이를 명의신탁으로 보아야 한다 해서 명의신탁 이론이 나왔습니다. 그래서 토지 거래는 실거래자 명의로 등기를 하지만 법에서 종중은 예외입니다. 물론 등기소에 가서 등기번호를 부여받으면 종중 이름으로 등기할 수 있습니다. 다만 농지는 중종에서 취득 등기를 못 합니다. 그래서 일부 농지는 아직도 명의신탁 등기가 남아 있습니다.

• 명의신탁약정의 효력

부동산 실권리자명의 등기에 관한 법률 제4조

1. 명의신탁약정은 무효로 한다.
2. 명의신탁약정에 따른 등기로 이루어진 부동산에 관한 물권변동은 무효로 한다. 다만, 부동산에 관한 물권을 취득하기 위한 계약에서 명의수탁자가 어느 한쪽 당사자가 되고 상대방 당사자는 명의신탁약정이 있다는 사실을 알지 못한 경우에는 그러하지 아니하다.
3. 제1항 및 제2항의 무효는 제3자에게 대항하지 못한다.

• 종중, 배우자 및 종교단체에 대한 특례

부동산 실권리자명의 등기에 관한 법률 제8조

다음 각 호의 어느 하나에 해당하는 경우로서 조세 포탈, 강제집행의 면탈(免脫) 또는 법령상 제한의 회피를 목적으로 하지 아니하는 경우에는 제4조부터 제7조까지 및 제12조제1항부터 제3항까지를 적용하지 아니한다.

1. 종중(宗中)이 보유한 부동산에 관한 물권을 종중(종중과 그 대표자를 같이 표시하여 등기한 경우를 포함한다) 외의 자의 명의로 등기한 경우
2. 배우자 명의로 부동산에 관한 물권을 등기한 경우
3. 종교단체의 명의로 그 산하 조직이 보유한 부동산에 관한 물권을 등기한 경우

상속의 경우에는 등기를 하지 않아도 소유권이 상속인에게 이전됩니다. 일반적으로 등기를 한 뒤에야 부동산 취득이 마무리되는데 상속은 예외입니다. 상속의 경우에는 등기하지 않아도 사망하면 소유자가 바뀝니다. 소유권에 공백을 두지 않기 위해 피상속인이 사망한 날에 상속인이 소유권을 취득하게 됩니다.

옛날에는 사후양자제도가 있었습니다. 호주가 사망한 후에 양자를 들이면 양자가 그 양아버지가 사망한 때에 소급하여 상속한 것으로 봤습니다. 그러나 지금은 소유권에 공백이 있으면 곤란하다고 보아 결국 1960년 1월 1일 신민법(新民法)을 시행하면서 사후양자제도를 없앴습니다.

제가 대학에서 법을 배울 때만 해도 공신의 원칙이 없다 하더라도 원소유주를 보호해야 한다는 인식이 지배적이었습니다. 그러나 지금은 등기를 믿고 산 사람을 보호해야 한다는 쪽으로 인식이 전환되었습니다. 개인적으로는 공신의 원칙을 채택할 때가 되었다고 생각하는데 제도를 변경하는 데에는 비용이 발생하므로 더 많은 논의를 거친 후에 제도 개선이 이루어지지 않을까 합니다.

등기가 있어도 보호받지 못하는 경우를 주의하라 ◆

04

회사에서 일어나는 분쟁은
어떻게 해결할까

저는 최근 유튜브 크리에이터로도 활동하면서 대법원 판례와 더불어 법에 관련한 다양한 이야기들을 소개하고 있습니다. 유튜브에 소개했던 사례 중 '농담으로 한 퇴사 발언을 실제로 받아들여 문제가 된 사건'을 다뤄보고자 합니다. 또한 그 외에도 근로자와 관련된 법 이야기를 다뤄보려 합니다. 민법에서는 고용에 관한 규정이 있지만 대부분의 노동 관련 문제는 근로기준법에 의해 규율되고 있습니다. 근로기준법이 처음 시행될 때의 산업구조와 지금의 산업구조는 확연히 다르고 노사문제도 시대 변화에 따라 달라졌습니다. 그래서 우리가 이전에는 경험하지 못한 법률문제가 나타나기 시작했습니다.

회사에 입사할 때는 근로계약서를 작성합니다. 마찬가지로 퇴사할 때는 사직서를 제출합니다. 회사에서는 사직서를 서면으로 정리해 퇴사 처리를 합니다. 그런데 한 회사의 직원이 상사와 이야기를 나누던 도중 화가 나서 "회사를 그만두겠다"고 말했습니다. 평소 그 직원이 마음에 들지 않았는지 이 말을 들은 상사는 그 직원을 곧바로 퇴사 처리했습니다.

퇴사 발언을 한 직원은 당황했습니다. 자신이 그만두겠다고 말한 것은 사실이지만 사표도 안 냈는데 퇴사가 처리되어버렸기 때문입니다. 알아보니 구두로 전달한 퇴사 의사도 유효했습니다. 계약은 구두로도 의사만 맞으면 되고, 서면이어도 상관없습니다.

그래도 그 직원은 퇴사 처리가 부당하다고 보아 회사를 상대로 소송

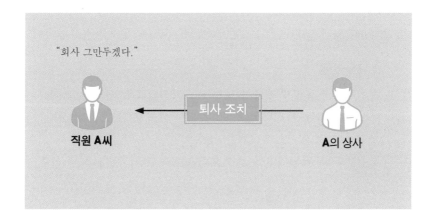

"회사 그만두겠다."

퇴사 조치

직원 A씨

A의 상사

을 했습니다. 1심에서 직원은 패소했습니다. '구두로라도 계약을 한 것은 사실이므로 유효하다'고 보았습니다. 그 직원은 항소했습니다. 항소심에서 그는 "퇴사하겠다는 말을 하긴 했지만 농담이었다. 그리고 상대도 농담으로 받아들일 줄 알았다"고 얘기했습니다. 외부에서 듣는 사람은 발언자의 속마음까지는 모르기에 실제 있었던 말만 가지고 판단하기 마련입니다.

이 발언이 농담인지 여부를 확인하려면 증거를 대야 합니다. 그러나 농담 여부를 입증하기는 상당히 어렵습니다. 민법 제107조에는 말한 사람은 농담이라고 했더라도 그 말을 들은 사람이 진담으로 알아들으면 효력이 발생하도록 되어 있습니다. 또 법에서는 조금만 주의를 기울이면 농담임을 알 수 있는데 진담으로 받아들였다면, 받아들인 사람이 잘못이

◆

• 진의 아닌 의사표시

민법 제107조

1. 의사표시는 표의자가 진의아님을 알고 한 것이라도 그 효력이 있다. 그러나 상대방이 표의자의 진의아님을 알았거나 이를 알 수 있었을 경우에는 무효로 한다.
2. 전항의 의사표시의 무효는 선의의 제삼자에게 대항하지 못한다.

라고 규정하고 있습니다. 이를 비진의의사표시(非眞意意思表示)라고 합니다. 이때 현실적으로는 상대방이 알 수 있었다는 증거를 대야 합니다. 결국 항소심에서는 결론이 바뀌어 원고가 승소했습니다. 원고는 승소하긴 했지만 이미 많은 손해를 입었습니다. 이 사건은 말을 할 때 가려서 하고 장소와 때와 상대방을 가려서 해야 한다는 교훈을 줍니다.

근로자가 퇴사를 희망하는 경우에는 서면으로 희망퇴직 날짜와 사직서를 제출하는 날짜를 명시해 분명하게 의사표시를 하는 것이 좋습니다. 구두로만 언급하고 출근하지 않으면 무단결근으로 보아 불이익을 받을 우려도 있습니다.

◆

・서울고등법원의 판결

감정적 대응을 마치 진정한 사직 의사표시로 취급해 근로계약관계를 종료시킨 것은 사용자의 일방적 의사에 의한 해고로 정당한 이유가 없으므로 무효이다.

산재 피해자 유족 특별 채용은 정당한가

우리나라의 몇몇 회사에는 '산재사고로 인한 피해자의 경우, 그의 가족이 있으면 1인에 대한 특별 채용을 한다'는 단체 협약이 있습니다. 이 협약이 헌법에 비추어 유효인지 무효인지를 다룬 대법원의 전원합의체 판결이 있어 소개하고자 합니다.

사건의 쟁점은 두 가지입니다. 첫 번째로 경영진은 누구나 적합한 사람을 고용할 수 있음에도 이 협약으로 인해 고용의 자유가 침해된 것은 아닌지 여부입니다. 두 번째 쟁점은 일반 구직자와 달리 특별채용을 한 것이 사회 상규에 위반되었는지의 여부입니다.

첫 번째 쟁점에 대해서는 국가가 임의로 이와 같은 의무를 부과한 것이 아니라 사용자와 근로자들 스스로가 단체협약을 맺은 것이므로 자율권을 행사한 것으로 보아야 한다는 데 전원합의체 모두 동의했습니다. 그러나 두 번째 쟁점인 사회 상규 위반 여부에 대해서는 논쟁의 여지가 있었습니다. 다수 의견 측에서는 특별한 조건에 놓인 근로자의 유가족이 그 회사에 특별채용되는 것은 근로자의 사기 진작에 필요하다고 보았습니다. 일반 구직자의 권리가 다소 침해된다 하더라도 특별한 사정에 의한 침해라고 보아 유효하다고 판단했습니다.

반대로 소수 의견 측에서는 특별한 사정에 따른 것이라 하더라도 특별채용이라는 형태는 사회 상규에 위반된다고 보았습니다. 가족 중 1인을 아무런 조건 없이 채용하는 것은 아니지만 가산점을 주는 것과는 다른 차별이라고 보았습니다. 이 경우를 두고 다수 의견과 소수 의견이 대립했습니다.

소수 의견에서는 두 가지 점을 지적했습니다. 첫째, 다수 의견이 산재 피해자의 가족을 특별 우대하는 것이나 정년퇴직자와 장기근속자 가족을 우대하는 것이 모두 유효하다 했는데, 소수 의견에서는 두 경우 모두 사회 상규에 위반된다고 보았습니다. 이 지적에 대해 다수 의견은 산재 피해자 가족을 특별 대우하는 것은 사회 상규에 위반되지 않으나, 정년 퇴직자와 장기근속자 가족을 우대하는 것은 사회 상규에 위반된다고 반박했습니다. 두 경우가 다르다고 본 것입니다. 즉, 회사의 노조협약에서 정년퇴직자와 장기근속자 가족에 대한 우대조항은 삭제되었으므로 둘을 같이 볼 수 없다고 생각했던 것입니다.

둘째, 소수 의견에서는 산재 피해자 가족을 고용하는 제도가 근로자에게 실질적으로 도움이 되는지를 살펴야 한다고 보았습니다. 한두 명의 산재 피해자 가족이 그 회사에 취직하는 것이지 모든 산재 피해자의 유가족이 그 회사에 취직하는 것은 아니기 때문에 전체 산재 피해 근로자에게 적절한 보상을 하는 것이 아니며, 이러한 제도가 실제로 모든 대상자에 대한 보상은 아닐 가능성이 높다고 보았습니다. 오히려 제도를 개선해서 충분한 보상을 받도록 새로운 제도를 만들어야 한다고 보았습니다. 다수 의견에서도 이와 같은 점에서는 동의했지만 이 제도를 없애는 것이 최선인지에는 의문을 제시했습니다. 제도가 큰 효력이 없다 하더라도 이 제도를 통해 이익을 보는 산재 피해자가 있으므로 우대라고 보지 않았습니다.

이 사건과 관련된 피고 회사는 두 곳이었습니다. 이들 회사에서 일하는 직원은 수천 명이고 해마다 채용하는 인원도 굉장히 많습니다. 판결문에서는 이런 조항으로 인해 취업한 사람 수를 논증해보고자 했습니다. 한 회사에서는 5년간 5명, 다른 회사는 11명의 산재 피해자 유가족의 취업이 이뤄졌습니다. 전체 채용 숫자에 비하면 미미한 비율이었습니다. 실제로 산재 근로자의 유가족 중 취업을 희망한 사람이 몇 명이나 되는지, 또 취업을 희망했으나 취업이 되지 않은 사람은 몇 명인지 알 수 없다는 점은 아쉽습니다. 이런 제도가 피해에 대해 충분히 보상하고 있다는 선입견을 주는 것은 아니냐는 지적도 겸허히 수용해야 합니다.

주 52시간 이상 근무하는 사람들의 근로조건

요즘 코로나19로 인해 많은 사람들이 어려움을 겪고 있습니다. 휴업하는 곳도 있지만, 24시간 근무해야 하는 곳도 있습니다. 우선 병원이 그렇습니다. 또 방역작업도 여러 곳에서 동시에 이뤄지고 있습니다. 의료장비나 진단키트를 생산하는 업체, 마스크나 세정제 등을 제조하는 제조사도 바삐 돌아가고 있습니다. 근로기준법에서 근로자는 주 52시간까지 연장근무를 할 수 있도록 규정하고 있습니다. 최근 근로기준법에서는 비상사태를 대비해 시행규칙을 개정했습니다.

근로기준법 제51조

1. 사용자는 취업규칙(취업규칙에 준하는 것을 포함한다)에서 정하는 바에 따라 2주 이내의 일정한 단위기간을 평균하여 1주간의 근로시간이 제50조제1항의 근로시간을 초과하지 아니하는 범위에서 특정한 주에 제50조제1항의 근로시간을, 특정한 날에 제50조제2항의 근로시간을 초과하여 근로하게 할 수 있다. 다만, 특정한 주의 근로시간은 48시간을 초과할 수 없다.

2. 사용자는 근로자대표와의 서면 합의에 따라 다음 각 호의 사항을 정하면 3개월 이내의 단위기간을 평균하여 1주 간의 근로시간이 제50조제1항의 근로시간을 초과하지 아니하는 범위에서 특정한 주에 제50조제1항의 근로시간을, 특정한 날에 제50조제2항의 근로시간을 초과하여 근로하게 할 수 있다. 다만, 특정한 주의 근로시간은 52시간을, 특정한 날의 근로시간은 12시간을 초과할 수 없다.

   ① 대상 근로자의 범위

   ② 단위기간(3개월 이내의 일정한 기간으로 정하여야 한다)

   ③ 단위기간의 근로일과 그 근로일별 근로시간

   ④ 그 밖에 대통령령으로 정하는 사항

3. 제1항과 제2항은 15세 이상 18세 미만의 근로자와 임신 중인 여성 근로자에 대하여는 적용하지 아니한다.

4. 사용자는 제1항 및 제2항에 따라 근로자를 근로시킬 경우에는 기존의 임금 수준이 낮아지지 아니하도록 임금보전방안(賃金補塡方案)을 강구하여야 한다.

• 특별한 사정이 있는 경우의 근로시간 연장 신청

근로기준법 시행규칙 제9조

1. 법 제53조제4항 본문에서 "특별한 사정"이란 다음 각 호의 어느 하나에 해당하는 경우를 말한다.

   ① 「재난 및 안전관리 기본법」에 따른 재난 또는 이에 준하는 사고가 발생하여 이를 수습하거나 재난 등의 발생이 예상되어 이를 예방하기 위해 긴급한 조치가 필요한 경우

   ② 사람의 생명을 보호하거나 안전을 확보하기 위해 긴급한 조치가 필요한 경우

   ③ 갑작스런 시설 · 설비의 장애 · 고장 등 돌발적인 상황이 발생하여 이를 수습하기 위해 긴급한 조치가 필요한 경우

   ④ 통상적인 경우에 비해 업무량이 대폭적으로 증가한 경우로서 이를 단기간 내에 처리하지 않으면 사업에 중대한 지장을 초래하거나 손해가 발생하는 경우

   ⑤ 「소재 · 부품 · 장비산업 경쟁력강화를 위한 특별조치법」 제2조제1호 및 제2호에 따른 소재 · 부품 및 장비의 연구개발 등 연구개발을 하는 경우로서 고용노동부장관이 국가경쟁력 강화 및 국민경제 발전을 위해 필요하다고 인정하는 경우

2. 사용자는 법 제53조제4항에 따라 근로시간을 연장하려는 경우와 연장한 경우에는 별지 제5호서식의 근로시간 연장 인가 또는 승인 신청서에 근로자의 동의서 사본 및 근로시간 연장의 특별한 사정이 있음을 증명할 수 있는 서류 사본을 첨부하여 관할 지방고용노동관서의 장에게 제출해야 한다.

3. 관할 지방고용노동관서의 장은 제2항에 따른 근로시간 연장 인가 또는 승

인 신청을 받은 날부터 3일 이내에 신청을 반려하거나 별지 제6호서식의 근로시간 연장 인가서 또는 승인서를 신청인에게 내주어야 한다. 다만, 부득이한 사유로 본문의 처리기간을 준수하지 못하는 경우에는 신청인에게 그 사유와 예상되는 처리기간을 알려주고 처리기간을 연장할 수 있다.

4. 관할 지방고용노동관서의 장은 제3항에 따라 근로시간 연장 인가 또는 승인을 하는 경우, 근로시간을 연장할 수 있는 기간은 특별한 사정에 대처하기 위하여 필요한 최소한으로 한다.

특별한 사정이 있을 경우, 특별연장근로제도를 도입해 주 64시간까지 근무가 가능하도록 조정했습니다. 물론 경우에 따라 주 64시간도 부족하다면 아주 예외적으로 64시간을 초과해 2주간까지는 근무할 수 있도록 규정했습니다. 재난과 같은 아주 위급한 상황, 인명을 보호해야 할 상황, 또 시설에 갑작스러운 장애가 생기는 경우에는 통상적인 근로 시간제도로는 충분히 대처할 수 없다고 보았던 것입니다. 이런 경우 인력을 더 채용할 수도 있지만 임시적이고 짧은 시간 내에 많은 인원이 필요한 경우 새로운 인력을 한번에 고용하는 것은 현실적으로 불가능합니다. 기존의 숙련된 인력이 계속 작업해서 위기를 극복하는 것이 보다 합리적일 수 있습니다.

물론 이와 같이 오랜 시간 근무하는 경우, 근로자를 보호하기 위한 조치가 필요합니다. 특별연장근로를 하기 위해서는 사전에 근로자의 동의를 받아야 하고, 노동부장관의 인가도 받아야 합니다. 물론 상황이 위급하게 닥칠 경우 추후에 노동부장관의 승인을 받을 수 있습니다. 그러나 이런 경우에도 근로자의 동의가 반드시 필요합니다. 위급한 상황에서 짧은 기간 긴 노동을 한 근로자에게는 특별휴가를 부여해 근로자의 건강 회복에 신경을 써야 합니다.

현재 보건의료 분야의 인력이 불철주야 노력하고 있습니다. 빠른 시일 내에 이런 비상사태가 해소되기를 바랍니다. 국민 모두가 보건의료에 근무하시는 많은 의료진의 노고를 잊지 않아야 하겠습니다.

근로자의 연차휴가 산정 방법

근로자는 1년에 80퍼센트 이상 근무하면 법적으로 연차휴가가 보장됩니다. 그러나 휴가는 근로자가 원할 때 가야 의미가 있는 것이지 가기 싫을 때 가는 것은 큰 의미가 없습니다. 그렇다고 모든 근로자가 자신이 원할 때 휴가를 간다면 회사 운영에 차질이 생길 수도 있습니다. 이럴 경우 회사와 근로자의 이해관계를 조정해야 합니다. 근로자는 당연한 권리에 따라 휴가를 사용할 수 있다고 법률로 규정하고 있습니다. 다만 회사는 근로자가 청구한 시기에 휴가를 주는 것이 사업 운영에 막대한 지장을 주는 경우에는 시기를 변경할 수 있다고 규정하고 있습니다. 사례를 하나 들어보겠습니다.

근로기준법 제60조

1. 사용자는 1년간 80퍼센트 이상 출근한 근로자에게 15일의 유급휴가를 주어야 한다.
2. 사용자는 계속하여 근로한 기간이 1년 미만인 근로자 또는 1년간 80퍼센트 미만 출근한 근로자에게 1개월 개근 시 1일의 유급휴가를 주어야 한다.
3. 삭제
4. 사용자는 3년 이상 계속하여 근로한 근로자에게는 제1항에 따른 휴가에 최초 1년을 초과하는 계속 근로 연수 매 2년에 대하여 1일을 가산한 유급휴가를 주어야 한다. 이 경우 가산휴가를 포함한 총 휴가 일수는 25일을 한도로 한다.
5. 사용자는 제1항부터 제4항까지의 규정에 따른 휴가를 근로자가 청구한 시기에 주어야 하고, 그 기간에 대하여는 취업규칙 등에서 정하는 통상임금 또는 평균임금을 지급하여야 한다. 다만, 근로자가 청구한 시기에 휴가를 주는 것이 사업 운영에 막대한 지장이 있는 경우에는 그 시기를 변경할 수 있다.
6. 제1항 및 제2항을 적용하는 경우 다음 각 호의 어느 하나에 해당하는 기간은 출근한 것으로 본다.
   ① 근로자가 업무상의 부상 또는 질병으로 휴업한 기간
   ② 임신 중의 여성이 제74조제1항부터 제3항까지의 규정에 따른 휴가로 휴업한 기간
   ③ 「남녀고용평등과 일·가정 양립 지원에 관한 법률」 제19조제1항에 따른 육아휴직으로 휴업한 기간
7. 제1항·제2항 및 제4항에 따른 휴가는 1년간(계속하여 근로한 기간이 1년 미만인 근로자의 제2항에 따른 유급휴가는 최초 1년의 근로가 끝날 때까지의 기간을 말한다) 행사하지 아니하면 소멸된다. 다만, 사용자의 귀책사유로 사용하지 못한 경우에는 그러하지 아니하다.

5월 1일, 3일, 5일이 공휴일이고 5월 2일과 4일에 휴가를 쓰면 연이어 쉴 수 있어, 이 샌드위치데이에 연차휴가를 신청한 직원이 있었습니다. 회사에서는 그 직원의 휴가를 허락하지 않았고, 이에 불만을 품은 직원은 회사의 허락 없이 연차를 신청한 날 휴가를 가버렸습니다. 회사는 이를 사유로 그 직원을 징계했습니다. 이에 불복한 직원은 소송을 제기했고 법원에서는 회사의 처사가 잘못되었다고 보아 근로자가 승소했습니다. 회사는 휴가기간 동안 업무에 막대한 지장을 초래한다는 점을 강조했으나 이 사건의 경우 증명할 만한 자료를 제출하지 못해 패소했습니다.

회사가 근로자의 휴가를 불허하려면 업무가 많다는 점을 통계적으로 제시해야 합니다. 물론 근로자도 회사의 사정을 어느 정도 이해하고 미리 휴가를 신청해 회사가 대체인력을 확보하도록 시간을 줄 필요가 있습니다.

회사도 샌드위치데이와 같은 기간에 업무가 폭증하는 것이 우려된다면 사전에 근로자들에게 고지해 이와 같은 휴가를 적절히 분배하여 사용할 수 있도록 조절할 필요가 있습니다.

우리 사회는 이제 휴가에 대한 인식이 달라지고 있습니다. 우리는 단순히 일하기 위해 사는 것이 아니라 인간다운 생활을 하기 위해 살아가고 있다는 점을 회사에서는 인식해야 합니다.

근로 복지 포인트는 임금일까

회사에서 체육관, 테니스장이나 숙박시설을 임차해 직원들에게 사용하게 하는 경우가 종종 있습니다. 이와 같이 회사에서 근로자에게 제공하는 복지 혜택은 말 그대로 복리후생이지 임금의 성격은 없었습니다.

최근 회사가 이와 같은 시설을 직접 경영하거나 임차해 제공하지 않고, 복지 포인트라는 이름으로 온라인에서 사용 가능한 포인트를 배정하는 경우가 많습니다. 복지 포인트를 자택 인근에서 사용할 수 있게 해주기도 합니다. 또 운동용품이나 의류 등을 구입하거나 휴가지에서 숙박비 등을 결제할 때 복지 포인트를 사용할 수도 있습니다.

종전에는 이 제도를 일부 근로자만 이용했으나 제도가 개선되자 이제는 더 많은 직원들이 다양한 방식으로 이용하게 되었습니다. 그러면서 복지 포인트로 지급되는 금액도 결국은 임금이 아닌가 하는 법률적인 쟁점이 대두했습니다. 대법원의 전원합의체 판결에서는 이에 대해 찬반의견이 극렬하게 대립했습니다. 임금이 아니라는 다수 의견 측은 그 논거로 우선 근로복지기본법에서 임금이 아니라고 정의하고 있다는 점을 들었습니다. 두 번째로, 임금은 근로자가 마음대로 사용할 수 있지만 복지 포인트는 1년 내에 사용해야 하고, 사용하지 않은 경우 소멸하며, 사용처도 현금과는 달리 제한되어 있다는 점을 제시했습니다.

반대 의견 측에서는 법에 의해 임금이 아니더라도 그 성질이 임금이면 임금으로 보아야 한다는 점을 들었습니다. 근로에 대한 기본법에 따르면 복지 포인트는 임금의 성질을 가지고 있기 때문에 임금으로 보아야 한다는 것이었습니다. 또 현금으로 지급되지 않는다 하더라도 결제수단이 다양하게 변화하는 시대에 복지 포인트도 통화로 간주되어야 한다는 의견도 있었습니다. 또 복리후생의 성격이 있다 하더라도 임금으로 보는 것과 모순되지 않는다는 점도 들었습니다. 저는 양쪽 견해가 모두 성립할 수 있다고 생각했습니다. 초기에는 임금의 성격이 없었지만 지금에는 임금의 성격이 가미되어 있습니다. 앞으로 제도가 더 발전한다면 임금으로 포섭될 수 있다고도 생각합니다. 그런데 이러한 논쟁이 벌어지는 근본적 이유에 대해 생각해봐야 합니다.

우리나라의 임금 체계는 상당히 복잡합니다. 각종 수당이 포함되어 있습니다. 이와 같이 수당이 자꾸 여러 가지로 나뉘는 이유는 결국 세금과 4대 보험에 따른 부담을 완화하기 위해서가 아닌가 합니다. 이와 같은 편법을 사용하면 당장은 돈을 조금 더 벌 수 있지만 장기적으로 근로자에게 꼭 유리하다고는 할 수 없습니다. 저는 이와 같이 임금의 성격이 있는 것은 모두 본봉에 합산해 지급함으로써 세금을 내고 이에 대한 혜택을 근로자들이 받는 것이 더 합당하다고 생각합니다. 결국 편법으로 신설한 각종 수당이 사회적으로 큰 부담이 되고 있기 때문에 최근에는 통상 임금 소송도 논의되고 있습니다. 앞으로는 임금 체계를 개선할 때 이러한 부분들을 고려해 보다 단순한 임금 체계로 개선할 필요가 있습니다.

법관의 근무시간은 어디까지일까

통상 법관은 심리를 하고 판결을 쓰고 소송의 결론을 내립니다. 그런데 이런 일은 시간으로 측정 가능할 수도 있지만 판결을 쓰고 결론을 내리는 과정에서 모든 판사들이 사건당 같은 시간을 할애하지는 않습니다. 형사 단독 재판을 하는 경우 피고인에게 징역 1년을 선고할 것인지, 징역 1년에 집행유예 2년을 선고할 것인지를 고민해봅니다.

쉬운 사건이라면 10분 만에 결정할 수도 있지만, 복잡한 사건이면 하루이틀 이상 고민해도 결론을 내리기 어렵습니다. 사건마다 결론을 내리는 시간이 다를 수밖에 없습니다. 물론 이런 경우가 많지는 않지만 그렇다고 적은 것도 아닙니다. 저 역시 형사 단독 재판을 하면서 이와 같은 고민을 한 적이 많았습니다. 하루 종일 생각해도 머릿속에서 결론이 나지 않고 저녁을 먹고 산책을 하면서 피고인, 피해자 입장에서 생각해봐도 판결 선고일이 다가올 때까지 결론을 내기 어려운 경우도 많았습니다. 이런 시간도 엄밀하게 따지면 업무 시간이지만 외부에서 보았을 때는 전혀 알 수 없는 경우도 있습니다.

이와 같이 전혀 답을 찾지 못하면서 며칠을 보내더라도 이것이 과연 허비한 시간인지, 업무를 수행한 시간인지 판단하기 쉽지 않습니다. 이런 점을 고려한다면 결국 전문가인 당사자의 판단에 맡겨야 하고 외부에서 정해줄 수는 없다고 생각합니다. 어떤 법관은 한 달 동안 주어진 사건을 충분히 해내는 사람도 있지만, 그만큼 일을 처리하지 못하는 사람도 있습니다. 일을 빠르게 처리하는 법관은 남는 시간에 논문을 쓰거나 다른 외부 활동까지 겸하기도 합니다. 이처럼 법관과 같은 전문적인 직업에 시간을 정해 업무 능력을 측정하는 것이 가능한지 의문이 듭니다.

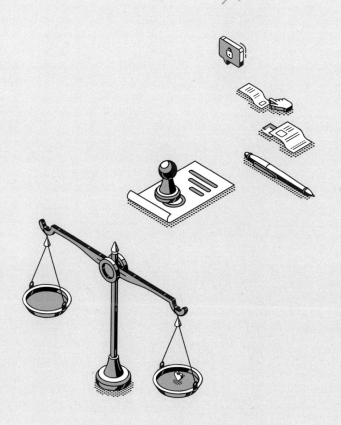

3장

보이지 않는 공간에도
법이 적용된다

01

짝퉁으로부터
내 것을 지키려면

      인공지능(AI)에서 자율주행차에 이르기까지 매일 새로운 기술이 등장하는 시대에 살고 있습니다. 저는 유튜브 크리에이터로 활동하고 있지만 사실 스마트폰으로 유튜브 영상을 보는 것 역시 이전에는 상상하지 못했습니다. 이처럼 개인의 삶뿐만 아니라 기업 경영 방식도 기술 발전에 발맞춰 바뀌었습니다. 호텔을 건설하지 않고도 숙박업을 운영하는 에어비앤비나, 차량을 소유하지 않고도 운수업을 운영하는 우버 역시 새로운 시대에 맞춰 생겨난 사업입니다.

      게다가 눈에 보이지 않는 새로운 세계가 창조되었습니다. 예전에는 게임도 실생활에서 이뤄졌습니다. 바둑을 두려면 기원에 갔고 게임을 하기 위해서는 오락실에 갔습니다. 지금은 방 안에 앉아 온라인으로 전 세계 사람들과 게임을 합니다. 가상현실, 증강현실의 세상입니다. 현실 세계와 가상 세계가 따로 있는 것이 아니고 두 세계 모두에서 활동하고 있으니 우리의 생활 범위가 무척 넓어졌습니다. 이 모든 것들이 가능하게 된 것은 IT의 발전 덕분입니다. 그 덕에 이전에는 상상조차 할 수 없을 정도로 국민생산이 늘어났습니다. 한국의 콘텐츠가 세계적인 인기를 얻게 된 것 역시 IT의 발전 덕분입니다.

이에 맞춰 법조계에서도 고전적인 의미의 소송은 많이 사라진 대신 새로운 분야의 소송이 많이 등장했습니다. 도메인이나 가상화폐를 두고 소송이 벌어지기도 합니다. 예전에 한 인터넷 사이트에서 화폐 기능을 했던 '도토리' 역시 가상화폐의 일종이라고 할 수 있습니다. 이런 환경에서 지식재산권의 가치는 엄청나게 높아졌고 전파력도 빠르게 늘어났습니다. 동시에 IT가 발전하면서 이에 반대되는 움직임도 생겼습니다.

그런데 시대의 발전과 반대로 움직이는 현상은 19세기에도 있었습니다. 제1차 산업혁명 시기에 일어난 기계파괴운동(러다이트 운동)은 기계나 자동차와 같이 새로 발명된 것들 때문에 일자리를 잃은 사람들이 벌인 운동으로, 당시에는 이 때문에 마부 고용법을 만들기도 했습니다. 지금 보면 매우 시대착오적인 운동이 아닐 수 없습니다.

이제는 좋은 아이디어 하나만으로도 큰돈을 벌 수 있는 시대가 왔습니다. 남과 다른 점, 남이 보지 못한 점에 착안한 사람이 앞으로 우리 사회를 이끌어갈 것입니다. 따라서 남과 다른 아이디어를 법으로 보호하기 위해 새로운 지식재산권에 대한 관심이 높아지고 있으므로, 그중에서 가장 고전적인 특허권, 디자인권(의장), 상표권에 대한 법의 해석을 살펴보고자 합니다.

◆

• 러다이트 운동 Luddite Movement

1811년에서 1817년까지 영국의 중부·북부 직물공업지대에서 일어났던 기계파괴운동. 임금을 저하시키는 현대식 대형 기계를 파괴하면 이전의 좋은 노동조건이 회복될 것이라는 믿음으로, 자본주의에 대한 무지에서 기인했다.

약에도 디자인 특허가 적용된다

세계적으로 유명한 발기부전 치료제 중 비아그라라는 약이 있습니다. 약을 만드는 방법도 특허에 속하는데, 특허를 내면 약을 만드는 방법을 공개하는 대신 20년간 독점권을 갖습니다. 20년이 지나면 누구나 그 기술을 사용해 같은 약을 만들 수 있습니다. 비아그라라는 발기부전 치료제 역시 특허를 취득한 지 20년이 지난 후에는 공개된 특허기술을 사용해 누구나 복제약을 제조할 수 있습니다.

약을 더 오래 독점해 팔고 싶었던 제약회사는 비아그라 약의 디자인으로 디자인 등록을 했습니다. 즉, 비아그라라는 약을 이런 모양으로 만들면 안 된다고 제한한 셈입니다. 또 그 무렵에 상표 중에서 입체상표가 나왔습니다. 제약회사는 비아그라 약 모양으로 된 상표를 다시 입체상표로 등록했습니다.

그런데 한 한국 회사가 팔팔정이라는 이름으로 비아그라와 똑같은 기능을 지닌 약을 만들었습니다. 이 약이 출시되자 비아그라의 원 제약회사인 화이자에서 소송을 걸었습니다. 처음에는 디자인 침해로 소송을 제기했습니다.

참고로 약은 법에 의해 색이나 모양 등에 많은 제한이 있습니다. 예를 들어, 약 색깔로 검은색은 사용할 수 없고 모양도 목으로 넘기기 좋게 만들어야 합니다. 동그랗거나 약간 타원형이어야 하고 목에 걸릴 수 있으므로 각진 모양으로는 만들지 않습니다. 그러나 이 경우 디자인으로서는 신규성과 창조성이 없다고 보아 디자인 소송은 무효라고 판결되었습니다. 그러자 원 제약회사는 팔팔정이 자사 상표권을 침해한 것이라며 다시 소송했습니다.

상표는 원래 그 상품과 관련된 상표는 허용이 안 됩니다. 예를 들어, 사과를 팔면서 사과표 과일이라고는 팔 수 없습니다. 한국 회사는 화이자의 입체상표가 약 모양을 그대로 본떠 만든 것이므로 상표로 등록되면 안 되는데 상표로 등록되었으므로 상표권이 무효라고 주장했습니다. 대법원에서도 이 논리가 옳다고 보았습니다. 그러나 원래 등록할 수 없는 것도 등록을 한 뒤 계속 쓰다 보면 사람들이 이를 상표로 인식하게 되므로 이 경우는 유효하다고 보았습니다. 이를 '사용에 의한 식별력 취득'이라고 합니다. 화이자의 입체상표는 원래 무효가 되어야 하지만 무효 주장에 의하여 무효로 판정되기 전에 사용되면서 이미 식별력을 취득했으므로 유효한 상표가 된 것입니다.

예를 들어, '우리은행'이 상표로 등록 가능한지 생각해볼 수 있습니다. 누구든지 자신이 이용하는 은행을 우리 은행이라고 할 수 있기 때문입니다. A라는 사람이 자신이 주로 거래하는 은행을 가면 그 은행이 우리 은행이기 때문입니다. 또 B라는 사람이 주로 거래하는 은행은 그의 우리 은행입니다. 그런데 '우리은행'이 이 상표를 등록해서 쓰고 있습니다. 이제 우리은행이라는 말을 들으면 특정한 은행을 연상하게 됩니다. 이처럼 법원에서는 사용에 의한 식별력을 인정했습니다.

그러나 상표권 침해 여부를 따질 때는 다른 논점이 있습니다. 우선 우

짝퉁으로부터 내 것을 지키려면

리가 상표를 보고 물건을 사는지 여부를 알아야 합니다. 예를 들어, 라면을 사러 가면 여러 브랜드 중에서 원하는 제품을 고릅니다. 슈퍼마켓에 가서 라면을 찾는다고 하면 직원이 라면의 종류를 묻습니다. 그때 우리는 자신이 찾는 라면의 브랜드를 얘기합니다. 이와 같이 비아그라 약도 약국에 가서 상표 이름을 말하고 그 약을 사는지 여부가 중요해집니다. 대법원에서는 '이 약은 전문의약이어서 처방을 받은 다음 약사가 처방에 따라 약을 제공하는 것이고, 소비자가 상표를 보고 약을 고르는 것이 아니'라고 보아 한국 회사가 화이자의 상표권을 침해한 것이 아니라고 보았습니다.

스크린골프장이 쓰는 골프장 이미지에는 저작권이 적용될까

스크린골프장은 실제 골프장의 모습이 그대로 재현되어 있는 곳이 많습니다. 예를 들어, 스크린골프장 이용객이 실제 존재하는 특정 컨트리클럽을 고르면 모니터에 그 골프장의 1번 홀부터 뜹니다. 골프장 입장에서는 스크린골프장 회사가 자신들의 디자인으로 돈을 버는 것이 부당하다고 생각해 손해배상을 청구했습니다. 그런데 골프장 설계는 저작권 개념과 연계되어 있습니다. 만약 기존의 골프장 디자인을 따라 현실 세계의 공간에서 골프장을 새로 만들었다면 비용이 엄청나게 들었을 것입니다. 그렇지만 스크린골프장은 가상 세계이므로 금방 디자인할 수 있습니다.

상표법 제33조

1. 다음 각 호의 어느 하나에 해당하는 상표를 제외하고는 상표등록을 받을 수 있다.

   ① 그 상품의 보통명칭을 보통으로 사용하는 방법으로 표시한 표장만으로 된 상표

   ② 그 상품에 대하여 관용(慣用)하는 상표

   ③ 그 상품의 산지(産地)·품질·원재료·효능·용도·수량·형상·가격·생산방법·가공방법·사용방법 또는 시기를 보통으로 사용하는 방법으로 표시한 표장만으로 된 상표

   ④ 현저한 지리적 명칭이나 그 약어(略語) 또는 지도만으로 된 상표

   ⑤ 흔히 있는 성(姓) 또는 명칭을 보통으로 사용하는 방법으로 표시한 표장만으로 된 상표

   ⑥ 간단하고 흔히 있는 표장만으로 된 상표

   ⑦ 제1호부터 제6호까지에 해당하는 상표 외에 수요자가 누구의 업무에 관련된 상품을 표시하는 것인가를 식별할 수 없는 상표

2. 제1항제3호부터 제6호까지에 해당하는 상표라도 상표등록출원 전부터 그 상표를 사용한 결과 수요자 간에 특정인의 상품에 관한 출처를 표시하는 것으로 식별할 수 있게 된 경우에는 그 상표를 사용한 상품에 한정하여 상표등록을 받을 수 있다.

3. 제1항제3호(산지로 한정한다) 또는 제4호에 해당하는 표장이라도 그 표장이 특정 상품에 대한 지리적 표시인 경우에는 그 지리적 표시를 사용한 상품을 지정상품(제38조제1항에 따라 지정한 상품 및 제86조제1항에 따라 추가로 지정한 상품을 말한다. 이하 같다)으로 하여 지리적 표시 단체표장등록을 받을 수 있다.

게다가 한번 디자인해두면 전국에 있는 스크린골프장에 팔 수 있습니다. 따라서 골프장 디자인이 엄청나게 빠르게 퍼져나갔습니다.

예를 들어 골퍼들이 ○○컨트리클럽에서 당장 라운딩할 상황이 아니라면 스크린골프장으로 갑니다. 그곳에서 특정 컨트리클럽을 선택하면 바로 그 자리에서 골프를 즐길 수 있었습니다. 이렇게 언제든 원하는 곳을 선택해 골프를 칠 수 있다 보니 스크린골프장 영업이 잘되었습니다. 법원에서는 스크린골프장의 디자인에는 원 골프장 고유의 노하우가 녹아 있으므로 허락 없이 이를 사용해서 영업하면 안 된다고 판시했습니다.

그러나 이와 같은 사례에서 가상현실에 나타난 영상물은 고유한 의미에서의 저작권이라고 보기 애매하다고 판단했습니다. 당시 문학 작품 등의 어문 저작권을 비롯해 미술 작품, 음악 작품, 건축, 영화, 연극은 저작권에 포함되어 있지만 골프장 디자인도 저작권에 속하는지 여부가 문제가 되었습니다. 결국 손해배상에 관해 저작권법 위반은 아니지만 '민법상 불법행위는 된다'고 보아 원 골프장에 배상해야 했습니다. 이후 타인이 노력으로 이루어낸 성과물에 대해서는 부정경쟁의 목적으로 침해하면 부정경쟁방지법에 위반된다고 보아 손해배상을 해야 한다는 법의 조문이 신설되었습니다. 결국 그 조문에 의해 원고인 골프장이 승소했습니다.

이와 비슷한 사건이 일어났는데 이때도 같은 조문이 문제가 되었습니다. 바로 한 아이돌 그룹의 초상권을 두고 일어난 소송이었습니다. 보통 소속사에 속한 아이돌 그룹은 멤버들이 촬영 등을 통해 광고 수익을 얻기도 하는데, 한 출판사에서 이 아이돌 그룹이 인기가 많을 것 같다고 생각해 이들의 영상물을 바탕으로 한 화보집을 초상권과 출판권 계약 없이 무단으로 제작해 판매했습니다. 이 아이돌 그룹의 화보집은 잘 팔렸습니다. 이를 본 소속사에서는 자신들의 권리가 침해되었다고 보아 손해배상을 요구했습니다.

이 역시 앞에서 설명한 '부정경쟁방지' 조문에 의해 아이돌 그룹 전체의 고유 캐릭터와 영상이 상품 가치가 있으므로 보호해야 한다고 보았습니다. 하나의 조문을 두고 두 가지 판결이 나왔지만, 판결이 내려진 사안을 자세히 살펴보면 다른 점을 찾아볼 수 있습니다.

아이돌 그룹의 소속사나 출판사 모두 아이돌 그룹의 초상권을 바탕으로 수익을 취하고 있으므로 출판사가 이득을 취한 만큼 소속사가 손해를 보는 구조가 됩니다. 그러나 스크린골프장의 경우에도 동일한 손해와

◆

• 부정경쟁행위 정의

부정경쟁방지법 제2조 중

1. "부정경쟁행위"란 다음 각 목의 어느 하나에 해당하는 행위를 말한다. (…)
   그 밖에 타인의 상당한 투자나 노력으로 만들어진 성과 등을 공정한 상거래 관행이나 경쟁질서에 반하는 방법으로 자신의 영업을 위하여 무단으로 사용함으로써 타인의 경제적 이익을 침해하는 행위

짝퉁으로부터 내 것을 지키려면 ──◆

이익 구조를 적용할 수 있는지 생각해보게 됩니다. 그러나 스크린골프장에 가는 사람은 실제 그 골프장에도 갈 가능성이 높습니다. 광고나 선전까지는 아니라고 하더라도 둘이 완전한 대척관계에 있다고 보이지는 않습니다. 그러나 법원에서는 타인이 이룬 것을 자신의 영업 목적으로 사용하면 손해배상을 해야 한다고 판결했고 결국 원 골프장이 승소했습니다. 골프장 사건에서는 골프장의 손해가 부각되지 않는 점이 다릅니다.

지식재산권은 어떻게 보호되고 있을까

음악의 지식재산권과 관련해서는 '소리바다'라는 업체를 두고 일어난 사건이 유명합니다. 소리바다는 개인끼리 음원을 주고받는 P2P 사이트입니다. 제가 서울고등법원 지식재산권 담당 재판부에 있을 때 이 사건을 담당했습니다.

이전에는 음악을 들으려면 음반이나 CD 같은 물리적인 도구가 필요했습니다. 또한 이를 구동시킬 수 있는 장비도 필요했습니다. 따라서 실제 음원을 복제하는 것은 여러 설비가 필요한 복잡한 작업이었습니다. 음원을 파는 것 역시 마찬가지였습니다. IT 기술이 발전하기 전에는 복제와 배포가 쉽지 않았습니다.

그러나 IT 기술이 발전하면서 한 업체가 소리바다를 만들어 디지털

화한 음원을 손쉽게 주고받을 수 있게 했습니다. 다만 음원을 디지털 파일로 모아두면 복제권 침해가 적용될 수 있으므로 소리바다는 음원 파일을 보관하지 않았습니다. 그 대신 연결기술을 통해 그 음원이 필요한 사람을 연결해주었습니다. 이처럼 원하는 음원이 있는 곳을 찾아간 사람은 순식간에 앨범 하나를 통째로 다운받을 수도 있었습니다.

만약 이런 일이 현실 세계에서 일어난다고 상상해보면 몹시 번거롭습니다. 음원을 가진 사람을 직접 찾아가 음악이 들어 있는 CD 등을 받아와야 합니다. 그런데 시간도 오래 걸리고 비용도 많이 드는 일이 온라인에서 삽시간에 이루어지니 비용도 안 들고 시간도 거의 안 듭니다. 음악이 엄청나게 빠르게 전파되는 원동력이 된 겁니다. 그러나 음악을 저작한 사람은 한 푼도 받지 못하기 때문에 저작권을 전송하는 경우에도 권리를 보호해주자는 데 생각이 미쳤습니다.

저작물을 만든 사람을 어떻게 보호할지 궁리하다 전파를 통해 자료를 보내는 것 자체를 저작권의 한 내용으로 규정하는 '전송권'이라는 개념이 생겼습니다. 전송권이 생기기 전에는 전송이라는 제도가 없었으므로 당연히 전송 권리가 없었습니다. 예컨대 전기가 그렇습니다. 전기는 물건이 아니지만 훔칠 수 있습니다. 이를 도전(盜電, 전기를 도둑질하는 것)이라고 부릅니다. 도전을 통해 엄청난 이익을 얻을 수 있습니다. 전선에 자신이 끌어오고 싶은 부분의 선을 연결하면 몇 백만 원어치의 전기를 마음대로 쓸 수도 있습니다. 전기가 처음 나오던 시기에 전기 역시 이전에는 없었던 새로운 것이어서 동산인 물건으로 보기가 어려웠습니다. 절도는 동산인 물건을 훔치는 것으로 규정되어 있었으므로 전기를 훔치는 도전을 처벌하기 위해서는 특별한 규정이 필요했습니다.

전송권은 소리바다가 발전하는 과정에 생겼습니다. 그래서 이후의 소송에서는 전송권 침해가 인정되었지만 그전의 소송 사건들은 민사적으로 불법복제에 대한 방조로 처리되었습니다. 그러나 소리바다 사건은 우리나라 음악이 발전하는 데 원동력이 되었습니다.

비슷한 예로 노래방 산업이 있습니다. 노래방을 운영하는 사람들은 매달 음원 사용료를 냅니다. 만약 저작권자가 음원 저작권 비용을 직접 받는다면 소요 비용이 어마어마할 것입니다. 폐업하거나 새로 개업하는 경우에 대한 관리도 어려울 것이고, 영업이 잘되는 곳과 잘 안 되는 곳에 대한 금액 산정이 불평등하다고 할 수도 있습니다. 지로 용지를 발송하는 것 역시 우편료에서 인쇄료, 정리하는 비용에 이르기까지 어마어마한 부속 비용이 발생할 것입니다. 그러나 IT가 발전하면서 이런 일들을 할

◆

• 저작권법의 정의

저작권법 제2조

10. "전송(傳送)"은 공중송신 중 공중의 구성원이 개별적으로 선택한 시간과 장소에서 접근할 수 있도록 저작물 등을 이용에 제공하는 것을 말하며, 그에 따라 이루어지는 송신을 포함한다.

필요가 없습니다. 정해진 날에 사용한 만큼 자동으로 계산될 것이고, 이에 따른 금액도 지불하게 됩니다. 저렴한 비용으로 전체 금액을 확인할 수 있습니다.

음악 저작권의 보호 기간은 70년입니다. 우리나라에서는 저작권협회가 금액을 징수하고 기금을 나눠주는 역할을 합니다. 지식재산권 개념이 막 생겨나던 시기에는 저작권이 큰돈이 안 될 것이라고 생각해 많은 저작권자들이 협회에 업무를 일임했습니다. 협회에서는 초기에 음악을 위해 헌신한 사람들에게 비율을 높여 배분했는데 시간이 흐르면서 저작권에 대한 인식이 많이 발전했습니다. 새로 저작권을 갖게 된 사람들은 자신들의 권리를 더 인정받기 위해 새로운 협회를 만들었고, 이제는 협회 두 곳이 경쟁하는 구도입니다.

방송국 프로그램에도 지식재산권이 있다

방송국 채널 역시 종합편성 채널과 케이블 채널까지 따지면 수백 곳에 이릅니다. 이에 몇몇 방송국에서는 예전에 방영되었던 연속극이나 예능 프로그램 등을 재방영하기도 합니다. 그러자 그 드라마가 제작될 당시에는 생각하지 못했던 추가 수익이 발생했습니다. 예전에 드라마를 만들 때는 출연료 등을 받고 촬영을 진행했고, 드라마가 방영되고 난 뒤에는 수익도 더 이상 발생하지 않았습니다. 그런데 다시 방송을 하게 되자 추가 수익이 발생했습니다. 또한 국내 방영뿐 아니라 외국에 수출하는 경우도 생겼습니다.

연출이나 작가의 권리뿐 아니라 연기자들의 권리도 발생합니다. 바로 저작인접권입니다. 따라서 연기자들에게도 저작권 비용이 분배됩니다. 개인으로 따지면 큰돈은 아닐 수 있지만 엄연히 저작권에 의해 생기는 수익입니다. 연기자조합에서는 조합 비용을 저작인접권으로 충당하는 것으로 알고 있습니다. 이런 저작인접권이 연기자들의 권익에도 도움이 된다고 봅니다.

텔레비전 프로그램 중 비슷한 콘텐츠를 외국에서도 방영하는 경우가 있습니다. 연인을 찾는 프로그램이나 노래나 춤 같은 재능을 드러내는 프로그램, 퀴즈 프로그램도 형식이 비슷한 경우가 있습니다. 이렇게 비슷한 콘셉트를 바탕으로 한 프로그램이 나오면 타 방송사에서 기획한 것을 모방해도 되는지에 대한 문제가 생길 수 있습니다.

한때 〈짝〉이라는 프로그램이 있었습니다. 처음 만난 남성 4명과 여성 4명이 모여 이야기를 나눈 다음 서로의 마음을 확인해서 맘에 들어하는 남녀를 이어주는 예능 프로그램이었습니다. 이 프로그램은 진행하는 과정에서 심층 질문을 하고, 외부 사람이 프로그램에 등장한 인물들을 평가하는 방식으로 발전했습니다. 그러자 이를 바탕으로 비슷한 프로그램이 나오기 시작했습니다. 이에 프로그램의 연출도 저작권 보호가 되는지를 두고 소송이 일어났습니다. 타 방송국의 코미디 프로그램에서 코미디언들이 소개하는 연애 예능 프로그램은 다르다고 보아 원고 청구가 기각되었습니다. 그러나 〈애정촌 던전〉은 남녀가 모여 서로를 관찰하고 짝을 찾아가는 프로그램이므로 〈짝〉과 비슷하다 보아 연출권의 침해라고 판단했습니다. 이에 연출권도 새로운 지식재산권으로 보호받게 되었습니다.

전문 분야는 어떻게 판결할 것인가

미국은 소송이 많기도 하지만 진행도 더딥니다. 민사재판 소송을 내면 1심이 상당히 오래 걸립니다. 우리나라는 IT도 많이 발전했지만 소송 분야도 굉장히 빨리 발전하고 있습니다. 1심, 2심, 대법원까지 진행되는 과정이 빠른 편입니다. 이전에 없었던 사례를 최고법원에서 판례를 내는 경우, 상당히 용감해야 하고 많은 연구가 필요합니다. 정보 또는 통신 분야는 이후 사건들의 선례가 될 수 있어 결론이 서로 비슷하게 나와야 합니다. 우리나라 특허법원 판결은 번역되어 외국에서도 살펴봅니다. 이처럼 우리나라의 IT 관련 판결이 대법원까지 빠르게 올라오기에 외국에서도 우리의 사례를 관심 있게 살피는 경우가 많습니다. 이는 우리나라 법원이 우수하다는 것을 외국에 알릴 좋은 기회도 됩니다.

지식재산권은 주로 문학, 음악, 예술 분야를 다룹니다. 특허는 주로 자연과학 분야를 다룹니다. 전문 분야인 만큼 일반 판사들이 재판하기가 까다롭습니다. 이를 해결하는 방법은 두 가지입니다. 첫 번째 방안은 전문지식을 가진 사람 중에서 판사를 뽑아 해결하는 방법이고, 두 번째 방안은 판사를 뽑은 다음 전문지식 분야를 보충하는 것입니다.

재판 형태는 보통 대륙법계 국가와 영미법계 국가로 나뉩니다. 대륙법계 국가에서는 특허법원, 조세법원이나 행정법원 등 전문법원으로 분화시켜 판결하고 있습니다. 그래서 우리나라도 특허법원을 만들 때 기술판사를 둘지 여부에 대해 논쟁이 있었습니다. 독일은 기술판사제도를 두고 있습니다. 미국은 다릅니다. 미국 법원은 배심원 제도를 이용하는 만큼 일반인이 재판에 참여하는 경우가 많습니다.

기술 분야라 할지라도 일반인인 배심원에게 잘 설명하고, 이들이 들어보고 판단하게 하자는 것이 미국 법원의 기본적인 생각입니다. 다만 특허법원만은 미국 역시 별도의 법원을 두어 특허법을 연방법으로 다루

대륙법과 영미법

대륙법	영미법
독일과 프랑스를 중심으로 발달한 유럽 대륙의 법	영국과 이를 계승한 미국에서 시행되는 법
성문법을 중심으로 함	실제 판례를 중심으로 함
법관에 의한 판결	배심원제 활용

고 있습니다. 50개 주에서 같은 특허를 가지고 양쪽 주의 법원이 다른 판결을 해서 대법원으로 올라가게 되면 판결하기가 상당히 어려워집니다. 그렇지만 대법원에서는 어느 쪽이든 손을 들어줘야 하기에 특허의 경우는 고등법원에서 종결짓고자 합니다. 그런데 특허법원의 판사로는 기술판사가 아닌 일반 판사를 임명합니다.

우리나라는 특허법원을 만들면서 미국 특허법원의 랜달 레이더 (Randall R. Rader) 판사를 초빙했고, 후에 그는 미국의 특허법원장까지 역임했습니다. 그는 대학교 학부에서는 인문학을 전공한 사람이었습니다. 유럽에는 기술판사제도가 있는데 미국에서는 어떻게 처리하는지 물어보니 재판연구원(Law clerk) 제도가 있다고 했습니다. 고등법원 판사 1명에게 3명 정도의 재판연구원을 붙여줍니다. 판사가 이 재판연구원을 직접 선정합니다. 그는 인문학을 공부했지만 특허재판을 다루는 데 문제가 없다고 했습니다. 자신의 재판연구원 3명이 우수한 자연과학대학과 로스쿨을 나온 사람이고, 이들의 도움을 바탕으로 자신이 판단할 수 있기 때문에 괜찮다고 했습니다. 우리나라도 계속 전문법원을 만들고, 전문판사를 둘 것인지 일반 판사에게 보조 인력을 둘 것인지 고민해봐야 합니다.

현재 우리나라 특허법원에서는 기술심리관이라는 제도를 두어 이들이 판사를 보조하도록 하는데, 아직까지 통일된 의견은 없습니다. 판사도 전문화되어야 된다고 이야기하는 사람이 많습니다. 그러나 전문판사제도에는 함정이 있습니다. 전문판사가 판결하면 사건에 매몰되어 무의식적으로 자신의 분야에 이익이 되게끔 판결할 수 있습니다. 의료소송이 이런 경우에 속합니다.

독일의 의료소송을 살펴보니 다음과 같은 경우가 있습니다. 의사가 판사를 하면 괜찮으리라 생각했는데 실제로 환자가 많이 패소합니다. 일반 판사가 판결하면 환자가 승소하는 경우가 많습니다. 결국 의사인 판사는 의사 손을 들어주게 되는 것입니다. 무의식중에 그렇게 할 가능성이 있습니다. 그래서 전문가의 함정에 빠지지 않게 하기 위해서는 중립적인 시각으로 살피는 것이 더 낫다고 보고 있습니다.

이처럼 각 분야의 기술이 발전해서 전문 분야의 소송이 제기될 때 판사를 어떤 방식으로 양성하는 것이 좋은지 생각해봐야 합니다. 유럽식으로 전문가 중에서 판사를 뽑을 것인지, 판사를 보조하는 전문 인력과 대리인을 두어서 판사를 설득하는 방향으로 재판을 하는 것이 좋은지 선택해야 하는 상황에 있습니다.

02

·

명예훼손은
어떤 경우에 인정되는가

지금은 듣기 어려운 단어인데 1970년대만 해도 법조인 사회에서 유명한 단어 중 하나가 바로 '업폭절'이었습니다. 업무상과실치사상, 폭력 행위, 절도의 첫 글자를 딴 단어입니다. 세 가지 유형의 범죄가 당시 형사사건의 70퍼센트 정도를 차지했습니다. 우리나라가 못살던 시절이었기 때문에 대부분의 형사범죄가 이렇게 절도, 택시운전기사나 버스운전기사의 업무상과실치사상, 야간에 술 먹고 행패 부리는 폭력행위였습니다. 저도 1980년대 형사 단독을 담당했는데 그때만 하더라도 '업폭절' 사건과 같은 원시적인 범죄가 많았습니다.

〈자전거 도둑〉은 제2차 세계대전 이후 침체기를 맞은 이탈리아 이야기를 다룬 영화입니다. 주인공 안토니오는 생계를 위해 벽보 붙이는 일자리에 지원하려고 자전거를 마련합니다. 영화는 그가 그 자전거를 도둑맞으면서 벌어지는 이야기를 담았습니다. 우리나라도 이 영화처럼 1960년대에는 자전거 도둑이 참 많았습니다. 요즘은 이런 원시적인 범죄는 많이 줄었습니다. 교통사고도 많이 줄고, 교통사고처리특례법이 생기면서 보험으로 처리하는 일도 많아졌습니다. 절도사건도 아주 특수한 경우 외에는 거의 없어졌습니다. 장물시장이 크게 줄었기 때문에 물건을 팔 곳이 사라졌고, 또 물건은 큰돈이 안 되는 경우가 많아졌기 때문입니다. 마찬가지로 폭력사건도 많이 줄었습니다.

그럼 범죄가 줄어들어야 하는데 시대가 변하면서 새로운 범죄가 늘어나기 시작했습니다. 바로 명예훼손과 모욕죄입니다. 2000년 이전까지만 하더라도 명예훼손과 모욕죄는 특수한 분야에서 일하는 사람들 사이에

◆

• 명예훼손

형법 제307조
1. 공연히 사실을 적시하여 사람의 명예를 훼손한 자는 2년 이하의 징역이나 금고 또는 500만 원 이하의 벌금에 처한다.
2. 공연히 허위의 사실을 적시하여 사람의 명예를 훼손한 자는 5년 이하의 징역, 10년 이하의 자격정지 또는 1,000만 원 이하의 벌금에 처한다.

서 분쟁이 생겼을 경우 고소를 하면서 문제가 되었습니다.

　명예훼손과 모욕은 비슷한 것 같지만 조금 다릅니다. 명예훼손은 그 사람의 명예 감정인데 결국 허위든 진실이든 어떤 사실을, 몇 월 며칠, 언제 어디서 무엇을 했다 하는 어떤 사실을 문제 삼을 때 명예훼손이 됩니다. 사실 여부와 상관없이 욕설을 하게 되는 경우에는 모욕이 됩니다.

돌대가리라고 말하면 명예훼손인가

사실인지 아닌지 여부는 구체적으로 따져보면 애매할 때가 있습니다. "너 돌대가리 아니냐?"라고 누군가 비난을 했다고 해봅시다. 그 말을 들은 당사자가 돌대가리인지 여부를 따지기는 애매합니다. 어떤 단어를 은유나 비유 등으로 사용할 경우 이를 과학적 또는 법적으로 따지기는 어렵습니다. 결국 이 말이 틀렸다고도 할 수 없는 논리의 함정에 빠지게 됩니다. 그래서 사회적으로 한 사람이 다른 이를 두고 '돌대가리'라고 표현했을 경우, 상대가 이상한 행동을 했으므로 이런 표현을 쓴 것이라는 관점으로 봐야 합니다. 사례를 하나 들어보겠습니다.

　김씨는 인터넷 온라인 게임을 하는 도중 같이 게임을 하던 박씨에게 '대머리'라고 했습니다. 이에 박씨는 김씨를 명예훼손 혐의로 고소했습니다. 둘이 온라인상에서 서로 비난을 주고받던 도중 김씨가 박씨에게 "야, 벗겨. 대머리"라고 적었습니다. 대머리라는 단어는 '머리털이 많이 빠져서 벗어진 머리'라는 뜻인데 이 단어가 명예훼손 또는 모욕인지, 사실의 적시인지 아닌지 여부가 시비가 되었습니다. 어처구니없고 우습다고 생각할 수 있지만 실제 법원에서 이를 두고 명예훼손인지 아닌지를 두고 의견이 엇갈렸습니다. 결국 대법원에서는 명예훼손이 아니라고 결론 내렸습니다.

법원에서는 모욕하려고 쓴 것인지는 판단할 수 없지만 명예훼손에 해당하지는 않는다고 봤습니다. "사실 내가 대머리가 아닌데 왜 대머리라고 했느냐"라고 주장하면 허위사실을 적시한 것이고, "대머리인 사람에게 대머리라고 했으면 사실을 적시한 것"이라고 우길 수 있습니다. 이 사건에서 두 사람은 만난 적이 없었고 인터넷상으로만 비난을 주고받았습니다. 그러니 대머리인지 아닌지는 몰랐기에 비난한 쪽은 문학적 또는 해학적으로 "야, 이 대머리야" 하고 언급한 것이고, 그것이 문제가 되었던 사건입니다. 간단해 보이지만 법률적으로 따지다 보니 어려운 문제가 되었습니다.

이처럼 명예훼손은 사실을 적시하거나 허위사실을 적시해야 하고, 의견을 적시할 때에는 의견표명이기 때문에 사실의 적시는 아닙니다. 따라서 명예훼손 자체가 성립하지 않습니다. 의견인지 사실인지를 구별하기가 아주 애매한 경우에는 잘 구별되지 않기도 합니다.

모욕의 경우는 허위인지 아닌지 여부가 문제되지 않지만 명예훼손의 경우는 그 구분이 중요하다는 점에서 둘은 본질적으로 차이가 있다고 봅니다.

광우병 보도는 명예훼손에 속하는가

2008년 MBC 〈PD수첩〉의 광우병 보도 역시 팩트(사실)를 보도한 것인지 의견을 보도한 것인지를 두고 문제가 있었습니다. 대법원에서도 6 대 7로 의견이 엇갈릴 정도로 판단하기 아주 어려운 사건이었습니다.

첫 번째로, '미국산 쇠고기 광우병에서 안전한가' 편의 보도 내용은 다음과 같습니다. '개정된 미국산 쇠고기의 수입 위생 조건에서는 광우병 위험물질이 국내에 들어오거나 미국에서 인간 광우병이 발생하더라도 우리 정부가 독자적으로 조치를 취할 수 없고 미국 정부와 협의를 해야 한다.' 언뜻 보면 미국과 협의한다고 되어 있으니 사실보도 같아 보이지만 이를 의견이라고 보았던 사람은 '법이 개정되었기 때문에 그 전과 후의 차이를 설명하면서 이런 염려가 있다는 의견을 표명한 것이다'라고 봤습니다. 7명은 이를 의견으로 보아 7 대 6으로 결론이 난 논쟁적인 사안이었습니다.

두 번째로 문제를 삼은 지점은 '우리 정부가 미국 정부와 수입 위생 조건을 협상하고 타결할 당시, 미국 도축산업의 실태에 대해 제대로 파악하지 못했다'는 부분이었습니다. 그런데 실제로 우리 정부가 제대로 파악을 했는지 알기 어려워 판단하기 애매했습니다. 그러므로 이 보도는 비판을 하자는 견지에서 정부가 일을 제대로 안 했다고 보는 '비판'이라는 의견을 낸 사람이 7명이었고, 6명은 그 부분도 '사실을 보도한 것'이라고 보았습니다. 조문이나 문자대로 따지면 사실인지 아닌지 알 수 있

명예훼손은 어떤 경우에 인정되는가 ⸻◆

지만 전체적인 맥락에서 의견인지 사실인지를 판단해야 하기 때문에 판단하기가 쉽지 않았던 사건입니다.

통상 사람들이 모인 곳에서 구두로 일어난 명예훼손의 경우에는 시간이 지나면 들은 사람도 그 내용을 잊을 수 있어 큰 피해가 없을 수도 있습니다. 그러나 언론 등을 통해 보도가 되면 전국에 퍼지므로, 신문이나 방송과 같은 언론에 의한 명예훼손의 경우에는 좀 더 무겁게 처벌하고 있습니다. 하지만 언론의 자유는 헌법에서 보장하고 있는 기본권의 하나입니다. 명예훼손을 자꾸 처벌하면 기사를 쓰는 사람이 혹시 처벌될까 두려워 기사를 쓰기 어려워할 수 있습니다. 게다가 취재에는 한계가 있으므로 완벽하게 취재를 했다 할지라도 후에 허점이 발견되는 경우도 있습니다. 이런 경우까지 허위보도로 처벌하면 언론의 자유를 침해하는 것은 아닌지 생각해볼 일입니다.

형법에는 사실을 보도하고 공익을 위해 취재한 경우에는 면책이 가능

• 위법성의 조각

형법 310조
제307조제1항의 행위가 진실한 사실로서 오로지 공공의 이익에 관한 때에는 처벌하지 아니한다.

하다고 적시하고 있습니다. 사실보도를 하면 대부분은 공익에도 부합합니다. 누군가의 공적인 영역에서 일어난 일을 사실보도하는 것은 괜찮습니다. 그런데 기사에서 한두 군데 허위가 드러난 경우에는 어떻게 판단해야 할지 생각해봐야 합니다. 형법에는 이와 관련한 규정이 없습니다.

미국의 경우는 허위보도를 하더라도 아주 악의적인 의도가 없었다면 언론의 자유를 보장해야 한다고 보고 있습니다. 미국은 언론과 표현의 자유를 아주 중시합니다. 개인의 인격권은 조금 후퇴하더라도 언론과 표현의 자유가 보장되어야 민주주의가 발전할 수 있고, 결국은 사회구성원 모두에게 도움이 된다는 사고방식 아래 법을 집행하고 있습니다. 우리나라도 미국의 판례를 그대로 도입한 것은 아니지만, 허위라 하더라도 경우에 따라 면책 대상이라고 판례를 내고 있습니다. 그래서 광우병 보도 사건에서 일부는 허위라고 인정했지만 워낙 온 국민의 관심사였으므로 신속하고 빠르게 보도해야 하는 것이 옳다고 보았습니다.

코로나19 사태를 겪는 과정도 비슷합니다. 우리는 이 바이러스에 대해 여전히 모르는 부분이 많습니다. 미국에서 백신이 나왔다고 하고, 코로나가 또다시 유행하기 시작했다고도 합니다. 어느 나라에서는 변이가 생겼다고도 합니다. 과학적 입증이 어려운 데다 사실이 전부 밝혀질 때까지 기다렸다가 보도하려면 아무것도 보도할 수 없습니다. 현재까지 나온 것이라도 파악되는 대로 보도해야 현 상태를 잘 전달할 수 있습니다. 대중에게 현재 상태를 알리고, 수정할 부분은 고쳐가다 보면 조금 더 나은 방향으로 나아갈 수 있습니다. 이처럼 국민적 관심

명예훼손은 어떤 경우에 인정되는가 ◆

이 큰 사건의 경우에는 약간의 허위가 있다 해도 처벌하면 안 된다고 보고 있습니다.

언론은 누구를 보도해야 하는가

언론 보도는 보통 공인에 대해 이루어집니다. 공인이라는 개념은 미국에서 발전된 개념입니다. 우리는 공인이라는 말을 들으면 고위직 공무원을 생각하기 쉽습니다. 고위직 공무원으로는 대통령, 선출직 국회의원, 장·차관, 헌법재판소에서 근무하는 사람, 대법원에 근무하는 사람 등이 있습니다.

전 국민의 관심의 대상이 된 사람들도 공인이라고 할 수 있습니다. 전 국적으로 유명한 연예인도 공인에 포함됩니다. 그 외에도 스스로 자신을 대외적으로 노출시키는 사람, 프로 스포츠 선수, 언론에 나서 사회현상에 대해 논평하는 패널, 뉴스 앵커, 그 외 전국적으로 관심의 대상이 되는 사람들도 공인이라고 할 수 있습니다. 잡지나 신문사에 기고 등을 통해 개인적 의견을 밝히는 사람, 국회의원이나 시의원의 의정활동을 감시하는 시민단체 활동가도 외국에서는 공인으로 봅니다. 물론 공인이어도 공적 활동의 범위 내에서만 면책 가능하고 사생활에 대해서는 면책되지 않습니다.

아나운서 집단에 대한 명예훼손

모욕죄와 명예훼손에서 중요한 것은 공연히 모욕했는지 여부가 중요합니다. 1 대 1 모욕, 즉 옆에 있는 사람에게 "이런 도둑놈을 보았나" 하고 모욕하는 경우에는 제삼자가 없었기 때문에 창피함을 느끼기 어려워 모욕죄로 처벌하지 않습니다. 누군가가 있더라도 전파 가능성이 없는 사람이라면 역시 처벌하지 않습니다. 그러나 제삼자가 있는 동시에 공공의 장소에서 행해지면 처벌 대상이 됩니다.

코미디 프로그램 등을 보면 특정 직업군이나 공인을 개그 소재로 삼는 경우가 있습니다. 국회의원이나 경찰, 판검사, 또는 학교 선생님을 나쁘게 표현하거나 비난하는 내용으로 프로그램을 만드는 경우도 있습니다. 이와 같이 특정한 집단을 모욕하거나 명예훼손을 하는 경우에는 모욕 여부를 판단하기가 어렵습니다. 경찰관 1명을 모욕했다고 해서 전국 경찰이 들고 일어나거나 또는 초등학교 선생님 1명이나 아나운서 1명을 모욕했다 해서 전국의 그 직업군이 다 들고 일어나는 경우는 흔치 않습니다.

10년 전쯤 한 국회의원이 여성 아나운서를 모욕한 사건이 있었습니다. 그가 아나운서 모임에서 했던 발언을 들은 여성 아나운서들이 반발했고 한국아나운서협회의 여성 아나운서들이 모여 소송을 하고 형사고소도 했습니다. 실제 들으면 상당히 얼굴이 화끈거릴 정도의 발언이었지만, 그 발언으로 아나운서 개개인이 모두 모욕을 받았다고 할 수 있을까 하는 애매한 상황이었습니다. 이 경우 형사사건이 먼저 문제가 되었고 1심, 2심에서는 유죄가 되었습니다. 즉, '모욕이 된다'고 보았습니다. 그러나 대법원에서는 다음과 같이 판단했습니다. 이 경우에는 개인과 집단이 구별되고 집단 자체가 크기 때문에 그 집단에 속한 개개인이 모욕을 느꼈다고 보기에는 어렵다고 결론 내렸습니다. 결국 대법원에서는 모욕죄가 성립되지 않는다고 했습니다.

작은 집단의 경우, 예를 들어 '모 경찰서 형사과의 형사 1계 직원들' 같은 방식이라면 그 집단에 속한 사람이 몇 명 안 되기 때문에 모욕이라고 보았을 것입니다. 이 경우에도 '어느 방송사에 근무하는 누구'라고 표현했다면 모욕이 성립되었겠지만 문제의 발언은 전국을 상대로 하는 것으로 보았습니다. 대법원에서는 이럴 경우 '희석됐다'는 용어를 사용합니다. 그 정치인은 전체 아나운서 집단을 두고 발언했기 때문에 개개인에 대한 발언으로는 보기 어렵다고 판단해 무죄로 판결 났습니다. 물론 사건 피해자들은 민사사건도 청구했습니다만 위자료 청구에서도 같은 논리로 결국 원고 패소로 끝난 사건이었습니다.

03

표현의 자유와
모욕죄의 경계는
어디인가

요즘 기사나 SNS에 '악플'이 많이 달립니다. 어떤 사람은 자신에 대한 악플을 보아도 예사롭게 넘어가지만, '내가 저런 말까지 들어야 되나?' 하고 예민하게 반응하는 사람도 있습니다. 심지어 악플 때문에 고통스러워하다 자살하는 사람도 있습니다. 그래서 악플에 대한 여론은 강경한 편이고 악플을 단 사람을 엄중하게 처벌하자는 이야기도 많이 나오고 있습니다.

'기레기'는 모욕죄에 해당하는가

형법에는 '타인을 모욕한 자는 벌금 또는 1년 이하의 징역'이라고 규정되어 있습니다. 절도는 남의 물건을 가져오는 것이므로 스스로 그 행위가 나쁜 것임을 알고 있습니다. 그러나 말은 해석하기에 따라 모욕으로 보기 애매한 경우가 생깁니다. 또 모욕은 죄형법정주의(범죄와 형벌을 미리 법률로 규정한다는 원칙)에 어긋난다는 주장이 있습니다. 죄형법정주의 원칙에 따르면 처벌되는 행위를 미리 법률이 규정해야 하는데, 모욕이라는 표현만으로는 어떤 행위가 처벌 대상이 되는지 모호하기 때문에 죄형법정주의에 어긋난다고 보는 것입니다.

또 명예훼손과 다른 모욕까지 처벌하게 된다면 해학적인 내용이나 우

◆

• 모욕

형법 제311조
공연히 사람을 모욕한 자는 1년 이하의 징역이나 금고 또는 200만 원 이하의 벌금에 처한다.

스꽝스런 표현까지 모욕죄가 될 수 있습니다. '듣보잡'이라는 단어를 설명할 때에는 상대의 기분이 나쁘지 않을 수 있는데, 실제 상대에게 사용하면 기분이 나쁠 수 있습니다. 이를 처벌할 경우 표현의 자유를 침범한다는 주장도 있습니다.

실제로 언론사의 기자를 비방하는 댓글 중에서 '기레기'라는 표현이 문제가 된 사건이 있습니다. '기레기'라는 단어는 '기자'와 '쓰레기'를 결합한 신조어로 기자를 모욕하는 의미로 사용됩니다. 하급심에서는 이 단어로 모욕죄가 성립된다고 보아 유죄로 판단했지만 대법원에서는 무죄라고 파기했습니다. '기레기'라는 표현이 모욕적인 의미이기는 하지만 독자가 객관적이고 타당성 있는 사정에 기초해 자신의 의견을 강조하거나 압축해서 표현한 것이고 표현도 지나치게 악의적이지 않다면 사회 상

모욕죄 통계 변화

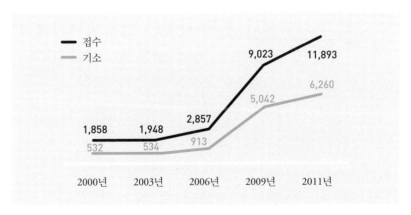

표현의 자유와 모욕죄의 경계는 어디인가 ————◆

규에 위반되지 않으므로 위법성이 없다는 논거입니다. 기자의 경우는 일종의 공인과 같은 신분이므로 이 정도 비평은 감수해야 한다는 뜻이 내포되어 있는 판시입니다.

이 문제는 헌법재판소의 심리대상이 된 적도 있습니다. 남을 비방해 모욕죄로 처벌받는 피고인들이 모욕죄에 대비해 헌법 위반을 주장한 사건입니다. 헌법재판소에서는 6 대 3으로 반대 의견이 3표 나왔습니다. 그만큼 악플 사례를 강경하게 처벌하자는 주장과 표현의 자유를 보장해서 처벌을 완화하자는 의견으로 여전히 나뉩니다. 모욕죄는 아직까지 결론이 안 나고 있는 사안 중 하나입니다.

모욕죄가 얼마나 많은지 알아보기 위해 헌법재판소 결정이 난 통계를 살펴봤습니다. 모욕죄로 고소된 건수가 2000년에는 1,858건인데 그중 532건 정도가 기소됐습니다. 그런데 10년 뒤인 2011년에는 1만 1,893건이 접수되었고 그중 6,260건 정도가 기소됐습니다. 지금은 아마 훨씬 더 늘었을 것입니다. 최근에는 온라인에서 모욕을 당해 고소를 하면 경찰에서 아이디의 사용자를 찾아낸 후 바로 합의할지 처벌할지를 정하게 합니다. 앞으로 모욕죄에 관한 사건 접수는 더 늘어날 것으로 보입니다.

모욕죄가 성립하려면 어떤 요건이 필요한가

이처럼 최근에는 인터넷상에서 모욕이나 명예훼손과 관련된 사건이 늘어나고 있습니다. 그런데 인터넷에서는 실명이 아닌 아이디만 알고 있는 경우가 많습니다. 그 아이디를 쓰는 사람이 실제로 누구인지는 모릅니다. 익명의 공간에서 누군가가 쓴 글을 보고 거친 댓글을 달거나 욕을 하기도 합니다. 그러면 글 쓴 본인은 누구에게 썼는지 알지만 그 외의 다른 사람들은 그 글이 누구를 지칭하는지 모를 수 있습니다. 아이디는 자유롭게 정할 수 있으므로 굳이 실명을 공개하지 않는 경우도 많습니다. 이런 경우 그 사람에 대한 모욕이 되는지 여부를 따져봐야 합니다. 아이디만으로 그 사람이 현실 세계에서 누구인지 알 수 없다면 결국 공연성이 없어 모욕죄가 되지 않습니다.

모욕이 성립하려면 공연하게 해야 합니다. 누구든지 알아볼 수 있어야 합니다. 여러 사람 앞에서 해야 기분이 나쁘므로 모욕이 성립됩니다. 둘만 있는 공간에서 욕한 것으로는 모욕이 성립하지 않습니다. 또한 인터넷에서 아이디만을 가지고 상대방으로 삼아 모욕을 한 경우는 모욕을 받은 사람이 현실 세계에서 누구인지 특정이 안 되기 때문에 모욕이 성립되지 않는다고 보고 있습니다. 그러나 A, B, C 이렇게 알파벳 등으로 썼지만 내용을 아는 사람이 보았을 때 유추 가능한 경우, 예를 들어 "저 사건은 우리 학교에서 일어난 건데 누군가 글을 썼네"와 같이 실제 인물이 누구인지 알 수도 있습니다. 이 경우 익명이더라도 '사실적시에 의한 명예훼손이 된다'고 판시하고 있습니다. 모욕이나 명예훼손은 외부적 명예를 보호하기 위한 것이지 내부적 명예를 보호하기 위한 것이 아닙니다. 자신이 기분이 나쁘다고 죄가 되는 것이 아니라 타인 앞에서 창피를

당해 기분이 나쁠 때 죄가 된다는 뜻입니다.

현실 세계에서 일어나는 명예훼손은 대자보를 붙이거나 말을 하는 경우가 해당되는데 대부분 일회성으로 끝나곤 합니다. 대자보 역시 한 번 붙이면 이곳저곳 옮기기가 쉽지 않습니다. 온라인은 그렇지 않습니다. 누군가가 글을 올리면 공유하기도 쉽고 복사하기도 쉽습니다. 사안에 따라 온 나라에 금세 퍼져버릴 수도 있습니다.

처음에 글을 올린 사람이 있긴 하지만 다른 이들이 옮기면서 마치 자신이 올린 것처럼 보이게 할 수 있습니다. 이렇게 자신의 사이트나 SNS에 공유하면 그 글을 읽는 불특정 다수의 독자는 올린 사람이 쓴 글이라고 생각할 수도 있습니다. 이 경우 피해자가 공유된 게시물을 지우거나 내려줄 것을 요청했는데도 불구하고 그대로 두는 경우에는 처벌 대상이 됩니다.

우리가 또 하나 구별해야 할 사안이 있습니다. 바로 링크입니다. 이제 링크 기술도 많이 발전해서 누군가가 올린 것을 타인이 금세 다른 사이트로 옮길 수 있습니다. 이는 온라인에서 일어나는 특수한 현상입니다. 현실적으로는 어느 학교에 대자보가 붙어 있는데 이를 직접 보여주고 싶으면 직접 데리고 가야 하기 때문에 확산이 어렵지만 링크는 순식간에 정보를 전달합니다. 이 링크 행위도 모욕죄에 해당한다고 보아야 하는지 생각해봐야 합니다. 즉, 링크를 전달한 사람이 그 글을 직접 쓴 것과 같이 보아 처벌해야 한다는 생각이 들기도 합니다.

이 링크 기술에는 여러 종류가 있습니다. 메인 홈페이지까지만 데려

다주는 경우에는 링크를 누른 사람이 홈페이지에서 직접 검색해서 관련 내용을 찾아야 합니다. 이 경우 홈페이지에 게시물을 올린 사람과, 그 내용을 옮겨 다른 곳에 게재한 사람이 다르다는 것을 금방 파악할 수 있습니다.

그러나 하위 디렉터리까지 바로 연결되는 링크를 사용하는 경우가 있습니다. 전문 용어로 이를 심층 링크라고 부릅니다. 쉽게 말해 링크를 누르면 특정 홈페이지의 하위 디렉터리로 바로 연결되기 때문에, 홈페이지 게시자와 이를 다른 곳으로 옮겨 소개한 사람이 같은지 아닌지 판단하기 어려운 경우가 생깁니다. 링크를 누르면 곧바로 그 글로 연결되기 때문입니다. 링크를 따라가 그 글을 읽는 사람은 링크된 페이지를 만든 사람이 글을 올렸다고 생각하는 경우도 있겠지만, 사람들은 대부분 의식하지 않고 보게 됩니다. 이런 경우는 링크만으로 모욕죄에 해당하는지 여부가 문제가 될 수 있습니다.

새로운 산업의 판례를 만들어가는 대한민국 법원

제가 특허법원과 고등법원에서 근무하던 당시 이런 IT 관련 사건들을 2년간 전담했습니다. 우리나라의 경우 IT 산업이 빠르게 발전했기 때문에 사례가 많고 우리의 판례가 세계에서도 빠른 경우가 많습니다. 특히 최고법원 판례로 보면 아주 일찍 나옵니다. 미국 다음으로 한국 사례가 나옵니다. 일본의 경우는 최고 재판소 판례가 별로 없습니다. 유럽도 마찬가지입니다.

새로운 IT 산업에 대한 분쟁이 대법원에 굉장히 빨리 올라오는 만큼 사실 참고할 만한 사례가 별로 없습니다. 미국도 연방법원, 연방고등법원까지 올라간 다음에야 연방대법원에 가는데 연방대법원에서는 상고허가제를 채택하고 있어 판례가 잘 나오지 않습니다. 우리나라의 경우 이런 링크 행위를 통한 모욕죄를 어떻게 볼 것인가 하는 대법원 판례가 아직 정립되어 있지 않습니다. 초창기에는 음란물을 전시했을 경우 링크를 통해 전시하면 전시죄로 처벌했습니다. 그런데 저작권 위반에 대한 링크 행위를 두고서는 저작권 침해가 아니라는 판시도 했습니다. 당시에는 방조도 아니라고 판시해서 비판을 많이 받았습니다. 그러나 최근에는 링크를 통해 명예훼손이나 모욕이 될 만한 내용을 퍼뜨리면 처벌받을 가능성이 높습니다. 따라서 링크를 옮길 때는 주의해야 합니다.

현재 가장 큰 논쟁 중 하나는 '사실을 이야기했는데 왜 명예훼손이라고 하는가'와 '허위사실이면 처벌받아도 좋은데(허위사실인 경우는 인정하겠는데) 사실을 이야기한 것까지 처벌하는 건 너무 과하다'라고 보는 논쟁이 위헌심사의 대상이 되고 있습니다. 최근 이를 두고 헌법재판소에서 5 대 4의 의견으로 합헌 결정이 나왔습니다. 합헌 의견은 인격권을 보호하기 위한 입법 목적의 정당성이 인정되고 명예의 중요성에 비추어 형벌을 부과하더라도 과잉금지 위반에 해당하지 않고, 민사적 구제방법만으로 예방효과를 확보하기 어렵기 때문에 침해의 최소성이 인정된다고 합니다. 즉, 명예가 중요하기 때문에 명예를 침해한 사람은 처벌을 받는다 하더라도 이를 감수해야 한다고 본 것입니다.

개인의 약점과 허물을 적시하는 것은 표현의 자유에도 부합되지 않아 법익 사이의 균형성도 인정된다고 강조합니다. 이에 대해 4명의 소수 의견에서는 입법 목적의 정당성과 수단의 적합성은 인정되지만 침해의 최소성과 법익의 균형성은 인정되지 않는다고 보았습니다. 다만 소수 의견에서도 사생활의 비밀과 자유의 영역에서는 보호를 받아야 하기 때문에 사생활의 비밀에 해당되지 않는 사실적시 부분에만 한정해 헌법에 위반된다고 판시해 법익의 조화를 모색하고 있습니다. 명예에 관한 우리나라 사람들의 인식과 민사상 책임만으로 예방효과를 거두기 어려운 사정들을 종합해보면 다수 견해가 아직 설득력이 있지 않은가 생각합니다.

입법론적으로 보면 모욕의 경우 어디에 중점을 두느냐에 따라 판단이 달라집니다. 개인의 인격권에 중점을 두면 처벌의 필요성이 크고, 표현의 자유에 중점을 두면 처벌의 필요성이 작아집니다.

지난번 국회 회기 때도 모욕에 관한 법안이 많이 나왔는데 심사 결과 폐기되었습니다. 아마 새로 법안이 나오더라도 다시 논쟁 대상이 되리라 봅니다. 세계적으로 모욕을 형벌로 다스리는 나라는 그렇게 많지 않습니다. 우리나라의 경우 악플 때문에 자살하는 사례가 많으므로 이를 우리나라 특유한 현상으로 받아들여야 할지, 아니면 세계 표준을 따라가야 할지 고민해봐야 합니다.

4장

법도 시대에 따라 변한다

01

구속영장 발부는
왜 필요할까

형사재판은 형벌을 구하는 절차입니다. 물론 형벌도 중요하지만 그전의 재판 단계에서 피고인이 구속되는지 여부 역시 중요합니다. 게다가 형사재판에도 여러 가지 제도가 있습니다. 우선 우리나라의 법정에서 진행하는 공판 절차가 있습니다. 또 법정에서 서류만으로 재판하는 약식명령 절차와 검사가 관여하지 않는 즉결심판도 있습니다. 즉결심판은 예전에는 상당히 많았지만 지금은 대부분 궐석(闕席, 불출석) 상태 또는 불구속으로 재판을 하기 때문에 많이 사라졌습니다. 법원의 법정에서 열리는 재판은 대부분 공판 절차에 의한 것입니다. 공판 절차는 피고인이 구속된 상태에서 진행되기도 하고 불구속 상태에서 진행되기도 합니다.

참고로 복장도 옛날과는 많이 달라졌습니다. 옛날에는 수의를 입고 절차를 진행했는데 지금은 평상복을 입고 진행합니다.

이제는 사라진 즉결심판

즉결심판이란 말 그대로 사건을 즉시 심판하는 절차입니다. 즉, 검사를 거치지 않고 경찰서장이 법원에 심판을 청구하는 별도의 형사 절차입니다. 기소독점제라고 해서 형사사건의 기소는 검사가 독점하고 있으나 즉

약식절차와 즉결심판

구분	약식절차(약식명령)	즉결심판
근거	형사소송법 448조 이하	즉결심판에 관한 절차법
대상	벌금, 과료 또는 몰수에 처할 사건	20만 원 이하의 벌금, 구류 또는 과료에 처할 사건
청구권자	검사	경찰서장
관할법원	지방법원	지방법원, 지원, 시·군법원의 판사

결심판의 경우에는 예외입니다. 어떻게 보면 영미식 사법제도가 일부 반영된 제도이기도 합니다.

즉결법정에서 처리되는 사건들은 주로 경범죄였습니다. 경범죄처벌법에는 즉결심판으로 처리할 수 있는 사건들이 나열되어 있습니다. 예전에는 야간 통행금지 위반, 무전취식, 음주로 인한 소란 등도 즉결심판 대상이었습니다. 또 도로교통법을 위반한 노점상, 적성검사나 정기검사를 거부하는 경우에도 즉결심판을 통해 벌금형을 선고하기도 했습니다. 서울에서는 응암동과 뚝섬, 문래동의 즉결심판소에서 매일 즉결법정을 개정했고, 지방에서는 한 달에 한 번씩 판사가 순회재판을 했습니다. 그래서인지 지방에서는 즉결심판이 있기 전날이면 모두 조심히 행동하는 덕에 시내가 조용했다는 얘기도 있었습니다.

즉결법정 판사는 하루에 최소 200건에서 많게는 500건 이상의 사건을 처리했습니다. 판사는 피고인을 보고 범죄 사실을 확인한 후 그 자리에서 벌금, 과료, 구류를 신속하게 결정해야 했습니다. 그러지 않으면 그 많은 사건을 적절한 시간 내에 처리할 수가 없었습니다. 당시 즉결법정에 서는 사람들은 대부분 아침에 즉결심판을 받은 뒤 회사로 출근하는 직장인들이 많았습니다. 따라서 처리가 늦어지면 오전에 출근하기 어렵다고 호소했습니다. 즉결법정에서는 과료나 벌금, 아주 예외적으로 구류를 선고했지만 당사자는 그 결과보다는 빨리 처리되는지에 더 관심이 많았습니다. 물론 즉결법정에서 선고된 형에 대해 당사자가 이의를 제기한 경우 정식재판을 청구할 수는 있었지만 번거롭기도 하고 큰 효력이 없어

구속영장 발부는 왜 필요할까 ◆

정식재판까지 가는 경우는 극히 드물었습니다.

저는 1970년대 문래동 즉결심판소에서 즉결심판을 담당한 적이 있었습니다. 하루에 보통 2시간에서 3시간 정도 소요되었지만 오전 10시에 개정해서 오후 5시까지 재판하는 경우도 있었습니다. 당시 즉결심판 사건을 보면 보통 경범죄로, 같은 아파트 단지에 있는 언니 집에 놀러 갔다가 자정 넘어 귀가해 통행금지 위반으로 단속되어 온 대학생도 있었고, 삼각지 고가도로 아래로 무단횡단을 하다 도로교통법 위반으로 단속되어 온 직장인도 있었습니다.

이런 사건들은 이제 추억이 되었지만, 당시 시간이 많이 주어지지 않는 즉결법정에서의 사건들 중 일부는 판단이 쉽지 않아 애를 먹었던 기억도 있습니다. 특히 노점상과 같이 생계를 위해 일하다 단속된 경우는 이들의 딱한 사정을 안타까워했던 기억이 납니다. 항상 가볍게 처벌할 수도 없고, 그렇다고 무겁게 처벌할 수도 없었기에 적정한 벌금을 책정하기 어려워 마음의 짐이 되곤 했습니다. 대법원에 있을 때 즉결심판을 점검해보았더니 대부분 궐석재판으로 이뤄지고 있었습니다. 이제 즉결심판은 추억처럼 남게 되었습니다.

영장 발부 방식은 어떻게 변화했는가

범죄가 발생하면 수사기관 담당자가 범인을 찾기 위해 증거를 수집합니다. 큰 범죄가 발생하면 당연히 범인들은 잠적하거나 도망을 갈 수도 있습니다. 이에 범인의 윤곽이 나오면 피의자를 추적해 체포한 다음 조사를 하게 됩니다. 이런 과정에서 합법적으로 피의자를 구속하려면 법관이 발부한 영장이 있어야 합니다. 이를 구속영장이라고 합니다.

원칙적으로 영장을 발부하지 않고 용의자나 사건에 관련된 사람들이 자진출석해서 조사와 재판을 받고 형벌에 따라 처벌받는 것이 이상적이긴 하지만 큰 형벌을 받는 것이 무서운 사람들은 도망을 가거나 범행을 숨기기 위해 증거를 인멸합니다. 이런 식으로 형사재판 절차를 방해하는 행위를 막기 위해 재판 중이나 수사 중에 구속영장을 발부해 신병을 확보하고 외부 공범과의 연락을 차단합니다. 영장은 형사재판의 핵심 요소이기에 관련 내용이 헌법에 규정되어 있습니다.

영장은 검사가 청구하고 판사가 발부하도록 되어 있습니다. 그러나 검사가 모든 사건을 처음부터 수사할 수는 없다 보니 많은 사건의 경우 경찰이 초동수사를 담당해 범죄 사실을 정리해 청구합니다. 사법경찰관이 증거를 수집해 검사에게 영장을 청구하면 검사가 1차로 검토해서 구속할 필요가 없으면 기각하고, 구속이 필요하면 판사에게 구속영장을 청구합니다.

판사는 청구 내용을 검토한 후 영장을 발부합니다. 25년 전까지는 이와 같은 절차가 전부 서류상으로만 이뤄졌습니다. 경찰관이 피의자 신문 조서를 비롯해 참고인에 대한 조서도 작성하고 현장 검증, 국과수 감정 등 모든 서류를 첨부해 검사에게 영장을 청구하면 검사는 이를 바탕으로

구속영장 발부는 왜 필요할까 ◆

제12조

1. 모든 국민은 신체의 자유를 가진다. 누구든지 법률에 의하지 아니하고는 체포 · 구속 · 압수 · 수색 또는 심문을 받지 아니하며, 법률과 적법한 절차에 의하지 아니하고는 처벌 · 보안처분 또는 강제노역을 받지 아니한다.

2. 모든 국민은 고문을 받지 아니하며, 형사상 자기에게 불리한 진술을 강요당하지 아니한다.

3. 체포 · 구속 · 압수 또는 수색을 할 때에는 적법한 절차에 따라 검사의 신청에 의하여 법관이 발부한 영장을 제시하여야 한다. 다만, 현행범인인 경우와 장기 3년 이상의 형에 해당하는 죄를 범하고 도피 또는 증거인멸의 염려가 있을 때에는 사후에 영장을 청구할 수 있다.

4. 누구든지 체포 또는 구속을 당한 때에는 즉시 변호인의 조력을 받을 권리를 가진다. 다만, 형사피고인이 스스로 변호인을 구할 수 없을 때에는 법률이 정하는 바에 의하여 국가가 변호인을 붙인다.

5. 누구든지 체포 또는 구속의 이유와 변호인의 조력을 받을 권리가 있음을 고지받지 아니하고는 체포 또는 구속을 당하지 아니한다. 체포 또는 구속을 당한 자의 가족 등 법률이 정하는 자에게는 그 이유와 일시 · 장소가 지체없이 통지되어야 한다.

6. 누구든지 체포 또는 구속을 당한 때에는 적부의 심사를 법원에 청구할 권리를 가진다.

7. 피고인의 자백이 고문 · 폭행 · 협박 · 구속의 부당한 장기화 또는 기망 기타의 방법에 의하여 자의로 진술된 것이 아니라고 인정될 때 또는 정식재판에 있어서 피고인의 자백이 그에게 불리한 유일한 증거일 때에는 이를 유죄의 증거로 삼거나 이를 이유로 처벌할 수 없다.

법원에 영장을 청구했습니다. 판사 역시 당사자를 대면하지 않고 서류를 바탕으로 영장 발부 여부를 검토했습니다.

그러나 서류에 어떤 내용이 적혀 있는지 사건 당사자는 모릅니다. 조서를 열람할 수는 있었지만 열람을 신청해도 제대로 이행되지 않는 경우도 있었기 때문입니다. 판사는 서류만으로 사안을 판단하다 보니 피의자가 도망을 갈지 아닌지를 판단하기가 어려웠습니다. 죄가 무거우면 도망갈 가능성이 높다고 생각해볼 수 있지만 교통사고나 횡령, 행정법규 위반같이 애매한 사건은 판단하기 어려운 경우도 있습니다.

결국 서류로만 판단하는 것은 문제가 있다고 생각해 해외 사례를 살펴보니 우리나라의 구속영장 청구 절차가 다른 나라들과는 조금 다르다는 걸 알게 되었습니다. 선진국에서는 구속 여부를 결정하기 전 피의자가 영장을 발부해주는 결정권자(판사)를 만난 후에 구속 여부가 결정되는 경우가 많았습니다. 이에 우리나라 역시 법관이 피의자를 직접 대면해 심사한 후 구속영장 발부 여부를 결정하는 것으로 제도가 개선되었습니다. 이를 영장실질심사라고 합니다.

대면 후 구속영장을 발부하게 되자 당시에는 반론도 상당히 많았습니다. 1997년 이전에는 구속영장이 약 15만 건 정도 청구되곤 했습니다. 15만 건은 엄청나게 많은 양입니다. 그 많은 사람을 판사에게 데리고 가려면 엄청난 시간과 비용이 듭니다. 한 사람당 경찰관이 3명 정도 동행해야 하고 대중교통을 이용할 수 없으므로 포승을 묶고 수갑을 채운 다음 경찰서에서 법원까지 가야 했습니다. 그래서 초기에는 어떻게 모든

구속영장 발부는 왜 필요할까

피의자를 다 불러서 심사하느냐는 반론도 많았습니다.

법원의 법관도 많지 않은 데다 심사하는 데 그만큼 시간이 오래 걸릴 수밖에 없습니다. 서류만 보면 빨리 끝나는데 직접 살피면 시간이 많이 걸리므로 판사도 더 필요했습니다. 결국 여러 논의 끝에 시도라도 해보자 해서 임의적 심사 절차로 법을 제정했습니다. 그랬더니 굳이 희망하지 않는 사람은 심사를 하지 않아도 되지 않느냐는 반론도 나와 피해자가 희망할 때만 하자고 법을 고쳤습니다.

그런데 이렇게 몇 년간 시행해보니 생각보다 빠르게 구속영장 청구 수가 줄었습니다. 5년 정도 지나니 한 해 발부 건수가 14만 건에서 10만

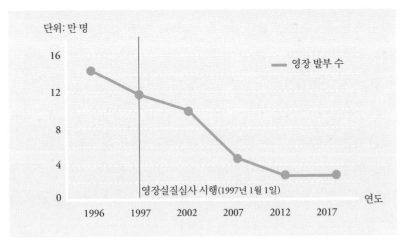

구속영장 발부 현황

건으로 줄었습니다. 수사기록만 보면 죄다 흉악하고 나쁜 사람 같아 보이는데 막상 직접 만나보면 의외로 평범한 사람이 많았습니다. 결국 이 제도는 구속을 억제하는 데 큰 도움이 되었습니다. 요즘은 1년에 약 3만 건에서 4만 건 정도 구속영장을 발부합니다. 예전에 비하면 4분의 1 수준으로 줄었습니다. 그만큼 권리가 많이 보호된 셈입니다.

처음에는 영장이 기각되었는데 재판 후에 형을 받는 사람도 있을 수 있습니다. 그러나 이 제도는 '형이 확정되면 복역하더라도 재판할 때까지는 할 말을 할 수 있게 해달라'는 취지에서 도입된 것이기에 피의자를 미리 구속할 필요는 없습니다. 치안 측면에서 보아도 영장실질심사 시행 이전이나 지금이나 구속영장을 적게 발부해서 치안이 혼란스럽다고 보기는 어렵습니다. 이 법의 제정 초기인 1995년경 제가 법원 행정처 송무국장으로 일하고 있었기에 국회 심의 당시에 공청회에 참석해 법원의 입장을 전한 적이 있습니다. 현재 제도가 잘 정착된 것을 보면 개인적으로 매우 뿌듯합니다.

보석은 언제 가능한가

구속 후 수사가 진행되는 과정에서 상황이 변하기도 합니다. 추가로 증거가 수집되거나 당사자끼리 합의하는 경우도 생깁니다. 이런 경우 보석제도(법원이 적당한 조건을 붙여 구속의 집행을 해제하는 제도)를 이용할 수 있습니다. 구

형사소송법 제201조의2

1. 제200조의2 · 제200조의3 또는 제212조에 따라 체포된 피의자에 대하여 구속영장을 청구받은 판사는 지체 없이 피의자를 심문하여야 한다. 이 경우 특별한 사정이 없는 한 구속영장이 청구된 날의 다음 날까지 심문하여야 한다.

2. 제1항 외의 피의자에 대하여 구속영장을 청구받은 판사는 피의자가 죄를 범하였다고 의심할 만한 이유가 있는 경우에 구인을 위한 구속영장을 발부하여 피의자를 구인한 후 심문하여야 한다. 다만, 피의자가 도망하는 등의 사유로 심문할 수 없는 경우에는 그러하지 아니하다.

3. 판사는 제1항의 경우에는 즉시, 제2항의 경우에는 피의자를 인치한 후 즉시 검사, 피의자 및 변호인에게 심문기일과 장소를 통지하여야 한다. 이 경우 검사는 피의자가 체포되어 있는 때에는 심문기일에 피의자를 출석시켜야 한다.

4. 검사와 변호인은 제3항에 따른 심문기일에 출석하여 의견을 진술할 수 있다.

5. 판사는 제1항 또는 제2항에 따라 심문하는 때에는 공범의 분리심문이나 그 밖에 수사상의 비밀보호를 위하여 필요한 조치를 하여야 한다.

6. 제1항 또는 제2항에 따라 피의자를 심문하는 경우 법원사무관 등은 심문의 요지 등을 조서로 작성하여야 한다.

7. 피의자심문을 하는 경우 법원이 구속영장청구서 · 수사 관계 서류 및 증거물을 접수한 날부터 구속영장을 발부하여 검찰청에 반환한 날까지의 기간은 제202조 및 제203조의 적용에 있어서 그 구속기간에 이를 산입하지 아니한다.

8. 심문할 피의자에게 변호인이 없는 때에는 지방법원판사는 직권으로 변호인

을 선정하여야 한다. 이 경우 변호인의 선정은 피의자에 대한 구속영장 청구
가 기각되어 효력이 소멸한 경우를 제외하고는 제1심까지 효력이 있다.

9. 법원은 변호인의 사정이나 그 밖의 사유로 변호인 선정결정이 취소되어
변호인이 없게 된 때에는 직권으로 변호인을 다시 선정할 수 있다.

10.제71조, 제71조의2, 제75조, 제81조부터 제83조까지, 제85조제1항 · 제3
항 · 제4항, 제86조, 제87조제1항, 제89조부터 제91조까지 및 제200조의
5는 제2항에 따라 구인을 하는 경우에 준용하고, 제48조, 제51조, 제53조,
제56조의2 및 제276조의2는 피의자에 대한 심문의 경우에 준용한다.

속되는 사람이 많던 때에는 보석 청구도 많았습니다. 그러나 요즘은 구속자
수가 적으니 보석 청구 수도 줄었습니다. 지금은 1년에 약 5,000건 정도 청
구되고, 3분의 1 정도는 보석을 허가하고 있습니다.

언론에서 종종 보석제도를 비판합니다. 돈이 많은 사람이나 아픈 사
람이 이용하는 것이라고 말입니다. 사실 보석제도는 돈이나 아픈 것과는
큰 연관이 없습니다. 연관된 문제점이라면, 피의자가 도망가지 않으리라
생각하고 보석을 처리했는데 도망가는 경우가 있습니다. 이를 대비해 벌
칙 조항으로 보증금을 내게 합니다. 만약 보석으로 풀려난 사람이 도망
가면 보증금은 몰수하게 됩니다. 미국은 이런 제도를 유지하고 있는데,
자본주의 나라인 만큼 돈을 중시하다 보니 돈을 많이 내면 도망가지 않
을 것이라고 보아 이런 제도를 유지하고 있습니다. 대륙법 체계를 이용

하는 국가에서는 돈보다는 보증인을 세우거나 조건을 까다롭게 두는 경우가 있습니다. 예를 들어 집에서 일정 거리 이상은 이동할 수 없거나, 이동해야 하는 경우에는 허가를 받게끔 합니다. 이런 조건을 위반하면 재수감하는 제도를 운영합니다. 우리나라는 양쪽 제도를 모두 반영해 운영합니다.

이에 보석금이 도망가는 것을 방지하기 위한 것이니만큼 큰 금액을 내야 하고 그만한 돈이 없는 사람은 이 제도를 이용할 수 없는 것 아니냐

• 구속의 집행정지

형사소송법 제101조

1. 법원은 상당한 이유가 있는 때에는 결정으로 구속된 피고인을 친족·보호단체 기타 적당한 자에게 부탁하거나 피고인의 주거를 제한하여 구속의 집행을 정지할 수 있다.
2. 전 항의 결정을 함에는 검사의 의견을 물어야 한다. 단, 급속을 요하는 경우에는 그러하지 아니하다.
3. 삭제
4. 헌법 제44조에 의하여 구속된 국회의원에 대한 석방요구가 있으면 당연히 구속영장의 집행이 정지된다.
5. 전항의 석방요구의 통고를 받은 검찰총장은 즉시 석방을 지휘하고 그 사유를 수소법원에 통지하여야 한다.

는 비판도 있는데, 사실 보석금은 개인의 경제사정을 살펴 정합니다. 돈 많은 사람이 보석금을 많이 낸다고 해서 돈이 없는 사람에게도 그만큼 요구하지는 않습니다. 또한 보석보증금은 재판이 끝나 문제없이 출석하면 본인에게 돌려줍니다. 또 요구하는 보증금이 큰 경우에는 보증금 제도를 이용할 수도 있습니다. 보증보험회사에 일정액을 내고 보험에 가입해 이를 보석금으로 대용할 수 있습니다. 보석제도는 돈이 없는 사람도 이용할 수 있는 제도입니다.

추가로 '구속집행정지'도 있습니다. 특별한 사정이 있으면 구속 상태를 정지시키는 경우입니다. 중병으로 인해 수술을 받아야 하거나 가족의 장례식에 참석하는 경우 며칠 시간을 주어 일시적으로 구속집행정지를 시행합니다. 물론 정지 기간이 지나면 다시 돌아와야 합니다. 이 제도를 악용해 구속집행정지 기간에 도망가는 사람도 있지만 그렇다고 해서 구속집행정지 제도 자체를 없앨 수는 없습니다.

구속 기간은 얼마나 될까

우리나라 형사소송법에서는 구속 기간을 제한하고 있습니다. 1차로 경찰 수사 단계에서 구속영장이 발부되면 열흘간 구속 상태가 됩니다. 그다음 검찰에 사건을 보내는데 수사기관에서 다른 수사기관에 보내는 이런 방식을 송치(送致)라고 합니다. 검사에게 송치된 날을 기준으로 열흘간 구속이 허용됩니다. 그 후에도 검사가 좀 더 시간을 요청하는 경우 추가로 열흘을 더 줍니다. 이처럼 수사기관에서는 최대 30일까지 구속할 수 있습니다.

법원에 오면 구속 기간이 달라집니다. 법원에서는 매일 재판이 이뤄지지 않으며 재판을 준비하는 데 시간이 걸립니다. 그래서 1심에서는 6개월, 2심과 3심에서는 4개월로 구속 기간을 제한하고 있습니다. 형사재판의 경우는 대부분 이 기간 내에 재판이 끝납니다. 그러나 아주 특별한 사건의 경우에는 이 기간 내에 재판이 끝나지 않을 수도 있는데, 그 제한을 어길 수는 없으므로 조건을 정해서 보석을 허가한 다음 재판을 진행합니다.

초기 구속 기간에 관한 규정 역시 조금씩 변경되었습니다. 옛날에는 수사기관에서 구속한 30일도 법원의 구속 기간 6개월 안에 포함되었습니다. 법원은 사실상 1심에서는 5개월밖에 구속할 수밖에 없었습니다. 그러나 지금은 수사기관에서의 기간과 법원에서의 기간을 각각 별도로 계산합니다. 2심과 3심에서는 4개월입니다. 꽤 긴 시간이라고 생각할 수도 있지만 실상 따져보면 그렇지만도 않습니다. 당사자가 항소하면 기록을 정리해 항소법원으로 보내야 합니다. 항소법원에서는 다시 재판 당사자들에게 항소 이유를 내라고 통지합니다. 재판 당사자들이 항소 이유를 내고, 상대방이 이에 대해 답변을 하는 등 이런저런 절차를 거치다 보면 공판기일을 열기도 전에 40일에서 50일이 지나가버립니다.

또 판결문을 작성하는 데에도 상당한 시간이 걸립니다. 그래서 사실

4개월이라는 기간은 상당히 촉박하기 일쑤입니다. 게다가 특별한 증인이 추가로 나오면 그 증인을 불러서 물어봐야 하는데 시간이 촉박해 재판이 진행되기 어려운 경우도 있습니다. 항소심, 상고심을 4개월로 제한하면 피고인에게 불리한 경우가 생깁니다. 피고인이 징역 10년 이상, 아니면 사형 또는 무기에 해당하는 형을 받게 되었다고 해봅시다. 더 조사하고 싶은데 구속 기간의 제한으로 증거를 더 찾아볼 시간이 안 된다면 피고인에게는 불리할 수밖에 없습니다. 따라서 이런 일을 막기 위해 구속 기간을 늘리자는 의견이 있었습니다.

◆

・ 구속 기간과 갱신

형사소송법 제92조

1. 구속기간은 2개월로 한다.

2. 제1항에도 불구하고 특히 구속을 계속할 필요가 있는 경우에는 심급마다 2개월 단위로 2차에 한하여 결정으로 갱신할 수 있다. 다만, 상소심은 피고인 또는 변호인이 신청한 증거의 조사, 상소이유를 보충하는 서면의 제출 등으로 추가 심리가 필요한 부득이한 경우에는 3차에 한하여 갱신할 수 있다.

3. 제22조, 제298조제4항, 제306조제1항 및 제2항의 규정에 의하여 공판절차가 정지된 기간 및 공소제기 전의 체포·구인·구금 기간은 제1항 및 제2항의 기간에 산입하지 아니한다.

구속영장 발부는 왜 필요할까 ──◆

결국 '피고인도 희망할 경우 그의 이익을 위해 구속 기간을 한 번 더 늘릴 수도 있다'라고 법을 고쳤습니다. 사실 피고인 입장에서는 구속 기간이 길어지는 것이 좋을 리 없지만 자신에게 유리한 증거를 조사하는 시간이 필요하다는 데 동의하게 됩니다. 지금은 법원에서도 융통성 있게 재판할 수 있는 길이 열려 있습니다.

해외에서는 구속 기간을 어떻게 정하는가

그렇다면 우리나라만 구속 기간에 제한이 있는지도 생각해보게 됩니다. 일본의 경우 옴 진리교 사건을 예로 들 수 있습니다. 이 사건은 재판하는 데만 몇 년 이상이 걸렸습니다. 이럴 경우 일본은 피고인을 계속 구속 상태로 두었는지 살펴보려 합니다.

해외에서는 구속 기간에 제한이 없습니다. 다만 경찰의 경우에는 구속 기간에 제한이 있습니다. 경찰에서는 48시간만 구속을 허용하는 데 이는 우리나라로 치면 긴급체포쯤에 해당됩니다. 48시간 이후에는 판사가 영장을 발부해주되 보석 조건을 정하고 신병 처리를 합니다. 그러나 검찰 조사에도 구속 기간 제한이 없고 법원의 재판 기간에도 마찬가지입니다. 이런 제도와 비교해보면 우리나라의 구속 제도가 이상하다고 생각할 수 있습니다.

다른 나라에서는 재판이 이뤄지지 않은 상태에서 재판이 계속 연기되면 어떻게 구제받아야 하는지를 두고 문제가 발생할 수 있습니다. 이럴 경우 피고인들이 부당함을 호소하는 여러 가지 방법을 마련해두고 있습니다.

선진국에서는 이렇게 구속 기간에 제한은 없지만 그에 대한 구제 방법도 마련해두었기 때문에 법원에서 재판할 시간이 충분히 필요하다고 보아, 구속 기간에 인위적으로 제한을 두고 있지는 않습니다. 하지만 우리나라에서는 구속에 제한을 두지 않기가 어렵습니다. 법원과 검찰에 대한 불신 등도 그 이유가 됩니다. 또한 구속 기간 제한이 있기 때문에 그 기간 안에 제대로 재판받는다고 생각하는 사람이 많은 것 같습니다.

• 옴 진리교 사건

옴 진리교 사건은 1980년대 말부터 1990년대 중반까지 옴 진리교가 일으킨 일련의 사건들을 총칭한다. 옴 진리교의 교주 마쓰모토 치즈오(일명 아사하라 쇼코)는 자신의 종교를 바탕으로 일본을 탈취하고 왕으로 군림하겠다는 야망을 품었다. 옴 진리교는 이를 실현하는 과정에서 무장 집단화해 교단과 적대하는 인물들을 살해하고 무차별 테러를 실행했다. 결국 1995년 지하철에 사린을 살포하는 사건을 일으켜 총 29명이 사망했고(살인 26명, 감금치사 1명, 살인미수 2명), 부상자도 6,000명 이상 발생했다. 일본 범죄 사상 최악의 강력사건 중 하나다.

경찰서에 왜 보호실이 있었을까

예전에는 경찰서 내에 보호실이라는 공간이 있었지만 지금은 사라진 지 20년 이상 되었습니다. 이제는 모르는 사람이 더 많은, 사라진 제도입니다. 보호실은 원래 말 그대로 술 취한 사람을 보호해주려고 만든 공간이었는데 실제로는 두 가지 다른 방식으로 운영되었습니다.

하나는 영장 청구를 했는데 아침에 조사하고 보내주지 않는 경우입니다. 영장을 청구했지만 발부되지는 않으면 피고인을 집에 보내지 않기 위해 보호실로 보냈습니다. 당일 저녁에라도 영장이 발부되면 바로 그 자리에서 영장을 집행했고 영장이 기각되면 돌려보냈습니다. 보호실에 있는 기간은 사실은 영장 없이 구속된 상태입니다.

이를 불법으로 보고 논란이 있었습니다. 이제는 영장실질심사제도가 도입되어 구인영장이라는 제도가 생겼습니다. 즉, 영장이 발부되기 전 심사하는 동안에는 합법적으로 구인할 수 있는 제도가 생겼습니다. 뉴스에서 재벌 총수나 전 대통령 등이 영장 발부 전 대기하는 경우가 이에 속합니다. 구치소에 있다가 영장이 기각되면 집에 돌아갈 수 있었습니다. 이처럼 영장이 합법적으로 발부되기까지의 기간도 유치할 수 있는 제도가 갖춰졌기 때문에 이제는 보호실을 유지할 이유가 없어졌습니다.

두 번째로는 즉결심판제도 때 이 보호실을 이용했습니다. 통금제도가 있던 시절 12시 통행금지를 위반한 경우, 즉 자정을 넘겨서도 외부에 있다가 경찰에 잡힐 경우 그 사람은 보호실에 있어야 했습니다. 그리고 이 사람은 다음 날 아침 즉결심판에 보내졌습니다. 예전에는 매일 아침마다 판사가 즉결심판에 회부된 사람을 재판했습니다. 따라서 다음 날 즉결심판을 받기로 분류된 사람은 보호실에 있어야 하는 경우가 많았습니다. 돌려보내면 다음 날 재판에 출석한다는 보장이 없다고 생각했던 것입니다. 그러나 이는 사실 법적 근거가 전혀 없습니다. 따라서 민사재판에서는 이를 불법 행위로 보아 손해배상을 해야 한다고 판단했습니다. 게다가 강제로 보호실에 유치하는 과정에서 경찰관과 마찰을 일으키는 경우 이를 공무집행방해로 보아야 하는지 여부도 문제가 되었습니다. 결국 공무집행방해는 아니라고 판결했습니다. 그러나 보호실에 보내는 것이 손쉬운 방법이다 보니 경찰서에서는 즉결심판을 받을 사람들을 보호실에 계속 유치했습니다.

그런데 1997년에 사건이 터졌습니다. 경찰 측에서 즉결심판을 보내기 위해 한 사람을 보호실에 대기시켰습니다. 보호실에 보내진 피의자는 자신은 잘못이 없다며 내보내줄 것을 요구했으나 받아들여지지 않았습니다. 결국 다음 날 즉결심판이 끝난 후에 그는 자신을 보호실에 보낸 경찰관을 고소했습니다. 사실 수사하는 경찰관이 불법으로 감금하면 형벌에서는 가중처벌하도록 되어 있어 결국 이 고소 건은 큰 문제로 불거졌습니다. 경찰 측에서도 보호실 운영이 합법적이라고 보기 어려워 그 경찰관을 징계하는 것으로 사건을 처리했습니다.

그러나 고소된 사건인 만큼 검찰에서 판단해야 했습니다. 죄가 안 된다고 불기소 처분을 하기는 어렵지만 굳이 형사처벌까지는 하지 않아도

구속영장 발부는 왜 필요할까 ◆

된다고 보아 기소유예(起訴猶豫, 검사가 범죄의 혐의를 인정하나 범인의 연령, 환경, 범행의 동기, 범행 후의 정황 등을 참작해 공소를 제기하지 않는 행위)로 처분했습니다. 이에 불만을 가진 피해자는 헌법재판소에 검사의 기소유예 처분에 대해 헌법소원을 냈습니다. 기소유예 처분에 대한 헌법소원은 대부분의 경우 피의자가 자신에게 죄가 없는데 죄가 있는 것을 전제로 한 기소유예 처분이 잘못이라는 사유로 제기되는 것입니다. 그러나 이 사건의 경우, 피해자가 피의자에게 '죄가 있는데도 왜 기소를 하지 않느냐'고 청구한 것입니다. 헌법재판소에서는 피해자 의견이 옳다고 보아 이런 일은 없어야 하겠기에 기소유예 처분을 취소했습니다.

사건이 다시 검찰로 돌아가니 방법이 없어 검찰은 기소했습니다. 1심과 2심에서 그 경찰관은 이 방식은 수십 년간 해온 관례였고 자신은 그 방식을 따랐을 뿐이며 위법 의식을 가지고 그 사람을 보호소에 보낸 것은 아니라고 주장했습니다. 또한 경찰 내부에서 이미 징계도 받았다고 항변했습니다. 그러나 이 의견은 받아들여지지 않아 유죄로 처리되었습니다. 이 경우에는 벌금형이 없어 그 경찰관은 18년의 공직생활을 마무리하고 떠나야 했습니다.

이 사건 이후로는 경찰관들이 즉결심판 전에 보호실을 이용하지 않게 되어 자연스레 보호실은 해체되었습니다. 저 역시 나중에 들었습니다만 검찰 역시 보호소 자체에 문제가 있다는 것을 알고는 있었지만 다른 방법이 없어 그대로 두었는데, 법원의 판결을 통해 국가 권력의 불법 행사가 하루아침에 사라지게 되어 앓던 이가 빠진 것처럼 시원했다고 합니다.

영장실질심사가 시행되기 전까지는 이를 요구하는 사람이 아무도 없었습니다. 그런데 윤관 대법원장이 제도를 고치자고 제안했고 결국 사법기관들이 합의해서 고칠 수 있게 되었습니다. 보호실 역시 누구나 이를 없애야 한다고 생각하면서도 방법이 없어 보였는데 한 국민이 문제점을 지적해 개혁을 이뤄냈습니다. 전자는 위에서의 개혁이고 후자는 아래에서의 개혁이라고 할 수 있습니다.

이처럼 민주시민의 의식이 있어야 제도가 개선되고, 제도를 운영하는 사람도 항상 스스로 되돌아보면서 고칠 점을 찾아야 합니다. 타성에 젖어 지금까지 해온 대로 하면 편하기 때문에 잘 고쳐지지 않습니다. 국민들이 지적하고 고치기 위해 노력해야 합니다. 보호실에 관련한 소송 당사자는 이를 고치기 위해 헌법소원을 내고 고소도 하는 등 노력을 많이 했을 것입니다. 재판 자체가 힘이 드는 일인 만큼 상당한 희생이 있었으리라 짐작합니다. 그러나 이런 시민이 있었기에 우리 사회가 한 걸음 더 나아갈 수 있었습니다.

구속영장 발부는 왜 필요할까 ◆

02

우리나라의 3심 제도는
어떻게 변화했을까

우리나라는 통상 3심제를 운영합니다. 따라서 재판을 받기 원하는 경우 1심, 2심, 그리고 3심까지 재판을 받게 되고 또 받을 권리가 있습니다. 실제로는 너무나 많은 사건이 항소심(2심)에 가고, 또 항소심에서 불복해 대법원(3심)까지 갑니다. 지금처럼 많은 사건이 2심, 3심까지 가는 것은 현행 제도에 허점이 있는 것이 아닌가 하는 생각도 듭니다. 따라서 3심 제도가 가장 좋은 방식인지에 대해 생각해보고자 합니다.

재판은 판사가 주재해서 결론을 내리지만 재판 당사자들 역시 대처를 잘해야 재판이 잘됩니다. 재판 당사자가 아무 말도 하지 않는다면 판사 역시 좋은 재판을 할 수 없습니다. 환자가 아픈 부위, 자신의 경험을 이야기해야 의사가 제대로 진단을 할 수 있는 것과 마찬가지입니다. 이처럼 좋은 재판을 하려면 당사자가 재판에 잘 대처해야 하고, 당사자를 도와주는 변호사의 역할이 중요합니다. 변호사 역시 전문 분야에 따라 각자의 상황에 맞게 도움을 줄 수 있어야 합니다. 법관 역시 전문성을 갖춰 더 좋은 재판을 할 수 있도록 해야 합니다.

우리나라의 3심 제도

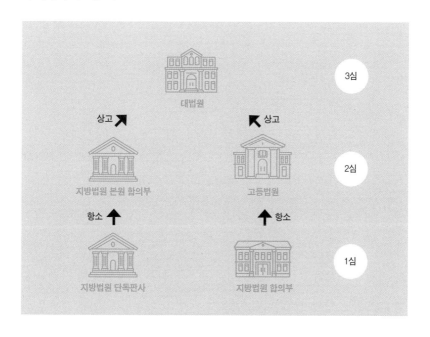

　　우리나라의 3심 제도는 어떻게 변화했을까 ──────◆

옛날 변호사의 개업 풍경은 좀 달랐다

해마다 새해가 되면 법조계에도 조금씩 변화가 생깁니다. 판검사로 근무했던 사람들이 변호사로 전직하는 동시에 변호사 시험에 합격한 법조인들이 활약을 시작합니다. 제가 사법시험에 합격하던 시절에는 한 해에 26명 정도 법관이 되었고, 28명이 검사로 임관되었으며, 5명이 변호사로 활동했습니다. 당시에는 사법시험에 합격하면 당연히 법관이 되는 것이라 생각했고, 법관을 그만두고 나서 변호사가 되곤 했습니다. 그러나 이 방식은 우리나라가 급속하게 변화하고 발전하는 과정에 발맞춰 많은 법조인이 필요하다는 현실을 도외시한 것이어서 비난을 받았습니다. 결국 법조계에서는 법조인을 양성하고자 노력한 결과 이제는 바로 변호사로 진출하는 법조인 수가 훨씬 많아지게 되었습니다. 이런 경향은 2000년 이후 두드러져 이제는 판검사로 활동한 사람들이 개업하는 비율이 변호사로 바로 개업하는 사람보다 적어졌습니다.

예전에는 판검사로 활동하다 변호사로 개업하는 경우가 대부분이었으므로 변호사 사무실 개업 시에 연회를 베풀었습니다. 개업 날이 되면 개업한 당사자 본인은 정장을 입고 손님을 맞았습니다. 1990년대에는 변호사 1명이 직원 3명을 고용하는 구조였다면 30년이 흐른 지금에는 변호사 1명이 직원을 3명씩 채용하는 경우는 거의 없습니다. 반대로 3명의 변호사가 직원을 1명 고용해 사무실을 운영하는 경우가 더 많습니다. 대형 로펌도 마찬가지입니다. 변호사 수가 일반 직원 수보다 훨씬 많습니다.

이처럼 예전에는 사무장이 하던 일들을 이제는 변호사가 담당하는 경우가 많고, 일반 회사의 법무팀에서도 법조인들이 활동하고 있습니다. 이런 면에서 국민에 대한 법 관련 서비스는 점점 더 좋아지고 있습니다.

우리나라 재판의 역사

어느 사회나 재판이 있습니다. 그러나 근대적 의미의 재판소와 원고 및 피고의 개념은 서구의 제도에서 유래했습니다. 이 제도에 맞춰 법원과 검찰청, 변호사 제도를 만든 다음에 이곳에서 일할 사람을 뽑았습니다. 법조계에서 일하기 위해서는 오랜 기간 전문 지식을 습득해야 하는 데다 재판 수에 비해 재판을 진행할 사람이 부족했으므로 인력을 어떻게 배치할 것이냐 하는 문제가 생겼습니다.

일본도 일찍이 이런 문제를 겪었습니다. 그래서 1868년 메이지유신 이후에 독일과 프랑스에 많은 유학생을 보내 나폴레옹법, 로마법, 독일법을 공부한 법조인을 양성했습니다. 처음에는 법조인 수가 많지 않다 보니 우수한 법조인은 도쿄에 배치해 최종심(3심)을 맡게 했습니다. 그리고 추가로 양성한 법조인을 2심에 배치했습니다. 그러다 보니 그때까지만 해도 1심 인력이 부족했습니다.

우리나라의 3심 제도는 어떻게 변화했을까 ◆

따라서 1심 재판의 결과에 불만을 품은 사람은 2심으로 넘어갔는데 당시에는 1심 판사를 제대로 양성하지 못한 상황이다 보니 2심 판사는 1심 판결을 무시하고 새로 재판을 시작했습니다. 이를 법률 용어로는 복심이라고 합니다. 그러나 여전히 2심의 결과가 불만스러운 사람은 또 재판을 신청해 일본의 최고재판소인 당시의 대심원으로 올렸습니다. 당시는 새로운 민법 이론을 비롯해 새로운 법전이 도입되던 시기였으므로 대심원에서 최종적으로 판결을 내리는 경우가 많았습니다. 이렇게 많은 사건들이 대심원까지 가게 되자 항소나 상고를 하기 쉽도록 그 길을 넓게 열어놨습니다. 우리나라의 판결 체계도 일본과 비슷했습니다.

우리나라도 일제강점기 시절에는 일본과 같은 방식으로 지방마다 지방법원과 지원(地院)을 두었습니다. 2심을 맡는 법원은 서울(경성)과 평양, 대구에 두었고 그 법원을 복심법원이라고 했습니다. 마지막으로 서울에 있는 조선고등법원에서 3심을 맡았습니다. 그런데 한 번 재판한 것을 다시 살피는 과정에서 낭비가 많았습니다. 우리나라 역시 1심 판사의 자질이 부실하다고 판단해 항소심에서 전면적으로 재검토해 판결하는 것이 당연하다고 보아 복심 구조를 취했습니다.

참고로 1907년 헤이그 만국평화회의에 참여하고자 했던 이준 열사는 검사 출신으로 대한제국 시기의 마지막 법조인이었습니다. 아쉽게도 그가 법복을 입고 재판한 사진이나 자료는 아직 발견되지 않았습니다. 다만 기록에 의하면 일제강점기 시대에 검사나 판사는 법복을 법모와 함께 착용했다고 합니다. 당시 법복에는 오동나무 문양이 수놓아져 있었습니다. 해방 이후에는 일본 황실을 상징하는 오동나무 문양이 수놓아진 법복을 입을 수 없었기에 평상복을 입고 재판하던 시기도 있었습니다. 그러다 1954년경 무궁화 문양이 새겨진 법복이 도입되었습니다.

당시에는 판사와 검사, 변호사 모두 법복을 입었습니다. 따라서 의복의 색으로 구분했는데 판사는 흰색, 검사는 노란색, 변호사는 자주색이었습니다. 1960년대에 이르러 판사의 법복은 미국식을 따라 검은색으로 바뀌었습니다. 당시 한국의 법복을 본 외국의 법조인들이 한국이 미국의 식민지인지 묻는 경우가 많아 이에 문제 의식을 느끼고 1998년에 다시 디자인해 현재의 법복을 만들게 되었습니다. 당시 검사는 법복을 입지 않고 평상복을 입은 채 법정에 섰는데 후에 지금과 같은 형태로 정착되었고, 변호사는 법복이 사라진 이후로는 지금까지 평상복 차림으로 법정에 서게 되었습니다.

외상처럼 밀려 있어서 '외상 판결'

판결이 전산화되기 이전에는 외상 판결이 종종 있었습니다. 즉, 판결을 선고했는데 판결문이 완성되지 않아 당사자에게 송달되지 않은 경우입니다. 당시는 판결문 원본을 만들어서 선고하는 것이 아니라 초고 상태에서 선고를 한 다음 초고를 다듬은 '원본'을 만들어 송달했습니다. 그런데 초고를 다듬어 원고를 만드는 과정에서 여러 문제가 발생해 시간에 맞춰 원본이 완성되지 않아 '외상 판결'이라는 용어가 생겼습니다.

판결을 한 판사는 며칠 밤을 새워 원고를 만들어 송달합니다. 이를 두고 '외상을 갚았다'고 표현했습니다. 옛날에는 모든 판결문을 수기로 작성했습니다. 원본은 판결문이 선고된 후에 타자를 쳐서 서명날인을 해 완성했습니다. 모든 재판부의 사정이 이러했기에 통상 판결 선고 후 일주일에서 열흘 후에야 원본이 작성되곤 했습니다.

이는 물론 소송법에는 어긋나는 일입니다. 소송법에는 '판결은 원본에 의해 선고한다'고 되어 있기 때문입니다. 그러나 원본에 의한 선고가 이뤄지지 않았던 이유가 몇 가지 있었습니다. 우선 재판 시간에 촉박하게 판결문이 작성되었기 때문이고, 두 번째는 원본이 작성되는 과정에서 여러 명이 관여하게 되면 비밀 유지가 어렵기 때문이었습니다. 첫 번째 문제는 선고기일을 넉넉하게 잡아 재판 열흘 전에 초고를 작성하면 해결되는 문제였으므로 큰 어려움이 없었지만 두 번째 문제는 여러 가지로 논란이 많았습니다. 후에 컴퓨터 프로그램이 발명되어 법관이 직접 판결문을 작성하게 되면서 판결문의 수정과 원본을 출력하는 과정 등이 빠르고 안전해졌습니다.

게다가 최근에는 전자소송이 도입되면서 문서도 순식간에 전송할 수 있게 되었습니다. 우리나라 민사소송법은 서면과 우편에 의해 서류가 송달되는 것을 기준으로 제정되었는데 전자소송으로 인해 모든 절차가 빠르게 이뤄지게 되자, 최근에는 소송법에 있는 '기간에 대한 제한' 부분을 검토해야 한다는 의견이 제시되었습니다. 옛날에는 판결이 선고되더라도 관련 내용이 우편으로 송달되기까지 시간이 오래 걸렸을 뿐만 아니라 소송 기록을 하급법원에서 상급법원으로 보내는 데에도 시간이 걸렸습니다. 따라서 재판 당사자는 여유를 가지고 항소심과 상고심을 준비할 수 있었습니다. 그러나 요즘은 이 절차가 많이 단축되어 재판 시간까지 여유가 없는 경우가 많아졌습니다. 항소이유서나 상고이유서 제출 기한도 짧아졌습니다. 오히려 지금은 기간을 조금 더 연장해야 하는 것은 아닌지 생각하게 됩니다.

우리나라 형사소송법의 변천사

1950년대 형사소송법이 처음 제정되었을 당시를 살펴보면 항소이유만도 열다섯 가지나 되었고 상고이유도 열다섯 가지나 있었습니다. 항소는 1심 판결이 불만스러울 경우 진행되며, 상고는 항소심 판결에 불만이 있을 경우에 진행됩니다. 당시에는 항소와 상고가 광범위하게 이뤄졌습니다. 제가 초임 법관으로 일하던 시절에는 형사사건의 비중이 60퍼센트에 달했습니다. 지금은 민사재판이 70퍼센트를 차지하고 있고, 약 25퍼센트 정도가 형사재판입니다. 이처럼 당시에는 많은 형사사건이 항소심을 거쳐 대법원으로 갔습니다. 너무 많은 사건들이 대법원까지 갔기에 형사소송법을 개정했습니다.

항소심에서는 1심이 제대로 판결되었는지의 여부만 판단하는 사후심(事後審)으로 결정했습니다. 사후심은 원심에 나타난 자료만을 검토하고 원심의 판결이 옳은지 그른지를 심사하는 심급으로, 만약 1심에서 잘못된 부분이 없다면 항소를 기각했습니다. 상고심에서는 상고 이유를 네 가지로 제한해 지금까지 유지하고 있습니다. 그러나 법은 고쳤지만 관행 때문에 실제로는 법처럼 딱 부러지게 운영하지는 못했습니다. 2심에서는 거의 항소 이유에 대한 판단을 하지만 1심 판결에 잘못이 있는 경우 다시 파기해 속심(續審, 항소법원이 1심의 심리 절차와 소송자료를 전제로 사건의 심리를 진행하며 새로운 자료까지 검토해 판결하는 절차)으로 항소심을 운영하고 있습니다. 그러다 보니 많은 사건이 항소심에 올라오게 되었습니다.

・ 상고이유

형사소송법 제383조

다음 사유가 있을 경우에는 원심판결에 대한 상고이유로 할 수 있다.

1. 판결에 영향을 미친 헌법·법률·명령 또는 규칙의 위반이 있는 때
2. 판결 후 형의 폐지나 변경 또는 사면이 있는 때
3. 재심청구의 사유가 있는 때
4. 사형, 무기 또는 10년 이상의 징역이나 금고가 선고된 사건에 있어서 중대한 사실의 오인이 있어 판결에 영향을 미친 때 또는 형의 양정이 심히 부당하다고 인정할 현저한 사유가 있는 때

미국과 영국에서는 배심제(陪審制)를 운영합니다. 그런데 배심재판을 하면 사실인정 여부를 대상으로 항소를 할 수가 없습니다. 배심원들 10명 이상이 모여 증인의 이야기와 증거를 살핀 뒤 유죄 여부를 판단하기 때문입니다. 이 판단이 잘못됐다고 항소하면 항소심에서 다시 배심재판을 진행하는데, 10명 이상의 배심원을 다시 부를 수 없기 때문에 사실인정에 관한 한 배심에서 결정이 한 번 내려지면 끝입니다. 배심재판은 비용이 많이 들고 복잡하기 때문에 같은 문제를 되풀이해 다루기 어렵습니다. 따라서 영미권에서의 항소심은 부담이 적습니다. 사실인정의 잘못을 더 이상 주장할 수 없기 때문입니다. 항소심에서는 판사들만 모여 법리 오해만 따져 재판합니다. 항소심이 줄어들면 자연적으로 대법원으로 올라오는 사건이 줄어듭니다.

우리는 아직까지 사후심이면서도 속심적인 성격이 있다고 보아 항소심에 올라오는 사건이 굉장히 많습니다. 사후심은 2심에서는 새로운 소송자료를 제출하지 않는 것을 원칙으로 하고, 1심의 자료만을 바탕으로 심사하는 것을 말합니다. 속심제는 사후심과 복심제의 중간 형태로, 2심에서는 1심에서 제출된 소송자료를 바탕으로 심리를 진행하되 새로운 자료를 모아 1심 판결이 옳았는지를 심사하는 것을 뜻합니다. 따라서 우리나라 판결에는 속심적인 성격이 있으므로 1심 판결을 뒤바꾸고 싶어 하는 사람이라면 항소를 제출할 가능성이 높아집니다. 또 형사재판은 '불이익 변경 금지의 원칙(상소심에서는 원심에서 받은 처분보다 불리한 판결을 할 수 없다는 원칙)'이 있어서 항소를 해도 형이 올라가지 않습니다.

여러 가지 복합적인 요소에 더해 1심 재판에 대한 불만이 없더라도 항소로 인해 얻을 수 있는 이익이 있기 때문에 항소를 합니다. 그래서 이런 항소는 법원에서는 큰 부담입니다. 한 해에 대법원에 올라오는 4만 건 정도의 사건 중에서도 2만 건 정도가 형사사건이다 보니 지금과 같이 항소가 많아진 기형적인 제도를 운영하고 있습니다. 이에 항소심을 개혁하자는 의견도 많습니다.

사법에 대한 접근성을 높이기 위해 단독판사 사건은 각 지방법원에서 항소할 수 있도록 1950년대에 제도를 바꿨습니다. 민사뿐 아니라 형사사건도 마찬가지입니다. 그러나 지금은 교통이 발전하고 통신수단이 발달해 접근성은 큰 문제가 되지 않는 시대로 변했습니다. 오히려 항소심이 이원화되어 장점보다 단점이 더 두드러지고 있다고 생각합니다.

사실심에서 소수 의견은 보여주는 것이 좋은가

최근 지방법원에서 한 사건의 판결을 두고 판사들의 의견이 2 대 1로 나뉘자 반대 의견을 펼친 법관이 소수 의견을 판결문에 기재해 화제가 되었습니다. 또한 최근 대법원에서는 다수 의견과 소수 의견의 공개 여부를 두고 활발하게 논의가 이뤄지고 있습니다.

지금까지 이런 일이 한 번도 없었기 때문에 소수 의견을 판결문에 실은 방식이 옳은지를 두고 논란이 분분합니다. 법관 생활을 30년 이상 했지만 하급심의 판결은 언제나 3 대 0으로 정리했기 때문에 2 대 1로 의견이 나뉜 채 판결한 경우는 기억나지 않습니다. 판결을 진행하는 과정에서 의견이 2 대 1로 나뉜다 할지라도 결국 반대 의견을 가진 사람이 다수 의견을 따르며 선고하는 경우가 대부분입니다. 한 사람이 끝까지 불복해 판결문에 서명하지 못하겠다고 해서 내부적으로 문제가 된 경우도 있었다고는 합니다.

1994년에 일어났던 강주영 양 유괴사건은 판결 당시 2 대 1로 의견대립이 있어 논란이 일었습니다. 이는 한 여성이 유흥비를 마련하기 위해 친구들과 함께 이종사촌을 유괴하고 살해한 뒤 몸값을 요구했다 붙잡힌 사건이었습니다. 함께 붙잡힌 사람은 범죄를 계획한 사촌언니 이씨와 그의 남자친구, 이씨의 고등학교 동창 등이었습니다. 그러나 공범으로 지목된 피고인들이 무죄를 주장했고 사촌언니를 제외한 나머지 사람들의 알리바이가 확인되고 조사 과정에서의 가혹행위 주장도 받아들여져 결국 무죄가 선고되었습니다. 당시 판사 중 두 사람은 무죄, 한 사람은 유죄 의견을 냈고 결국 무죄로 확정되었습니다.

이와 같이 하급심에서 재판을 하는 경우 2(유죄) 대 1(무죄)로 의견이 갈릴 때 어떻게 처리하는 것이 옳은지를 생각해보게 됩니다. 현행 법원조직법에 따르면 다수 의견에 따라 유죄선고를 할 수밖에 없다고 생각됩니다. 다만 판결이 의심스러울 때는 피고인의 이익으로 하라는 대원칙에 비추어본다면 3명 중 1명이 무죄로 보는데도 이를 유죄로 판결하는 것이 합당한지 의문이 듭니다. 영국과 미국에서 배심재판을 하는 경우에도 전원 일치 혹은 상당한 다수 의견이 유죄일 경우에만 유죄선고를 하는 것으로 알고 있습니다.

대법원에서는 한때 사무처의 효율성을 위해 3인으로 소부(小部)를 구성한 적이 있었습니다. 그러나 현재 대법원에서는 소부를 4인으로 구성하고 있습니다. 2 대 1로 의견이 대립할 때마다 전원합의체를 구성할 수 없으므로 2 대 1의 의견 차이가 있고 1명이 2명의 의견에 도저히 동의할 수 없다면 사건을 처리할 수 없는 딜레마에 봉착하기 때문입니다. 3 대 1이 되면 전원합의체에 가더라도 1의 의견이 다수 의견이 될 가능성이 매우 낮기 때문에 승복할 수 있지만 2 대 1의 경우에는 승복할 수 없는 상황이 많이 발생합니다. 지방법원이나 고등법원에서 3인 재판부를 구성하는 것은 사무처리의 능률을 고려한 부득이한 방법이지만, 직업 법관이 사실인정을 하더라도 일반인이 하는 사실인정보다 더 낫다는 보장이 없습니다. 유럽이나 일본의 형사재판에서는 법관이 참심재판을 운영해 참심원을 두고 일반인이 재판에 참여하는 길을 열어두고 있습니다. 참심원은 시민이 명예 법관이 되어 직업 법관과 같은 형태로 재판에 참여하는 것을 뜻합니다. 이는 최종 판결이 일반 시민들의 일상생활에서 너무 동떨어지지 않게 하는 것을 목적으로 합니다.

이처럼 형사재판의 경우 2 대 1의 사실인정이 있을 때 이를 판결문에 나타내는 것이 옳은지 여전히 의문점이 남습니다. 민사재판의 경우는 형사재판과는 조금 다르지만 사실인정을 다루는 경우 의견이 갈린다면 당사자가 승복하기 힘들 수도 있습니다. 이런 경우 심리가 불충분하다고 보아 심리를 재개해 서로 다른 의견에 대해 충분히 토론해서 전원일치로 판결을 이끌어내는 것이 타당하다고 생각합니다.

독립적이고 공정한 판단을 위해

지금도 지방법원에서는 판사들이 같은 장소에서 업무를 번갈아 담당하고 있습니다. 1심을 담당하던 판사가 같은 법원 내의 2심을 담당하기도 하고, 반대로 2심을 담당하다 1심으로 가기도 합니다. 이럴 경우 판사끼리 연대가 되어 있기 때문에 피고인 입장에서는 판결에서 불리할 수 있습니다. 1심 재판과 2심 재판이 분리되어 1심 판사를 모르는 상태에서 2심을 진행해야 하는데 2심 판사가 1심 판사를 잘 안다면 지인의 재판을 따지기가 어렵기 때문입니다.

지방법원에서 단독판사(1심)를 하기 전에 지방법원 항소부(2심)에서 2년 정도 배석판사로 경력을 쌓은 다음에야 단독판사(1심)를 맡는 경우가 대부분입니다. 지방법원에서 단독판사(1심)로 경력을 쌓으면 고등법원(2심) 배석을 하고, 그곳에서 경력을 더 쌓아 지방법원 부장판사(1심)가 되기도 했습니다. 이렇게 판사가 1심과 2심을 번갈아 담당하며 경력을 쌓아갑니다. 일본과 독일도 우리나라와 비슷한 시스템으로 운영하는 것으로 알고 있습니다.

저는 차라리 항소법원에 해당하는 큰 법원을 만들어 2심을 독립적으로 맡게 하는 것이 더 좋다고 생각합니다. 최근 사법개혁으로 고등법원 부장판사 제도는 법관 승진의 발판으로 인식되어 재판의 독립에 좋지 않은 영향을 미친다고 보아 사실상 폐지되었습니다. 만약 고등법원 판사를 별도로 뽑으면 항소법원을 구성할 수 있는 인적자원이 확보됩니다. 그래서 2심 법원은 별도로 만들고, 형사사건의 경우에는 항소이유를 아주 엄격하게 제한합니다. 독립된 항소법원을 두면 신뢰성이 높아져 상고율이 떨어지게 됩니다. 또한 항소이유를 엄격하게 제한하는 것은 사후심 요소를 강화해 1심에 집중하도록 하고 그 결과 항소율을 줄이는 효과를 가져오게 됩니다.

사실 항소이유 대부분은 선고된 형이 실제 지은 죄보다 무겁나 가볍다고 보는 양형부당입니다. 양형부당이 왜 항소이유로 가능했는지 살펴봤습니다. 1심은 비슷한 사건을 여러 곳에서 다루다 보니 재판 받는 법원에 따라 형이 다르면 곤란하다고 판단해 고등법원에서 한 번 더 형평

• 양형부당(量刑不當)

범죄에 이르게 된 과정이나 범죄로 인한 피해 등으로 미루어 보았을 때, 피고인이 저지른 사건의 내용에 비해 선고된 형이 지나치게 가볍거나 지나치게 무거워 이치에 맞지 않는 것.

• 심리의 불속행

상고심절차에 관한 특례법 제4조

1. 대법원은 상고이유에 관한 주장이 다음 각 호의 어느 하나의 사유를 포함하지 아니한다고 인정하면 더 나아가 심리(審理)를 하지 아니하고 판결로 상고를 기각(棄却)한다.

① 원심판결(原審判決)이 헌법에 위반되거나, 헌법을 부당하게 해석한 경우

② 원심판결이 명령 · 규칙 또는 처분의 법률위반 여부에 대하여 부당하게 판단한 경우

③ 원심판결이 법률 · 명령 · 규칙 또는 처분에 대하여 대법원 판례와 상반되게 해석한 경우

④ 법률 · 명령 · 규칙 또는 처분에 대한 해석에 관하여 대법원 판례가 없거나 대법원 판례를 변경할 필요가 있는 경우

⑤ 제1호부터 제4호까지의 규정 외에 중대한 법령위반에 관한 사항이 있는 경우

⑥ 「민사소송법」 제424조제1항제1호부터 제5호까지에 규정된 사유가 있는 경우

2. 가압류 및 가처분에 관한 판결에 대하여는 상고이유에 관한 주장이 제1항제1호부터 제3호까지에 규정된 사유를 포함하지 아니한다고 인정되는 경우 제1항의 예에 따른다.

3. 상고이유에 관한 주장이 제1항 각 호의 사유(가압류 및 가처분에 관한 판결의 경우에는 제1항제1호부터 제3호까지에 규정된 사유)를 포함하는 경우에도 다음 각 호의 어느 하나에 해당할 때에는 제1항의 예에 따른다.

① 그 주장 자체로 보아 이유가 없는 때

② 원심판결과 관계가 없거나 원심판결에 영향을 미치지 아니하는 때

우리나라의 3심 제도는 어떻게 변화했을까

을 맞추기 위해 양형부담도 항소이유로 받아주었습니다. 예전에는 사건이 적다 보니 고등법원에서 사건을 전부 처리할 수 있었는데, 지금은 고등법원 재판부가 많아지면서 모든 재판부에서 똑같이 양형을 할 수가 없습니다. 지금은 양형기준법에 따라 판결하도록 제도 개선이 이루어졌습니다. 이처럼 양형기준에 따라 선고된 사건에 대해서는 양형부당의 항소이유를 받아주지 않으면 형사사건에 대한 항소율과 상고율이 크게 떨어질 것입니다.

대법원에서 처리하는 사건 수 역시 지금 상태로는 줄일 방법이 없습니다. 항소심에서 대법원으로 가는 사건을 줄인 다음에 추진할 과제가 아닌가 생각합니다. 제가 근무하던 당시(2010년경) 대법원에서 1년에 처리하는 재판은 약 2만 건이었습니다. 요즘 문제가 되는 심리불속행(審理不續行)으로 판결 이유를 쓰지 않고 기각하는 사건이 전체의 반 정도 되었습니다. 즉, 반 정도는 이유를 쓰지 않아도 될 만하다고 생각하는 것입니다. 지금은 그 비율이 70퍼센트 이상 올라갔습니다. 남은 20퍼센트의 사건에는 이유를 쓰지만 그중 한 10퍼센트 정도에는 쓰나 마나 한 이유를 쓰고 있습니다. 만약 대법원에서 한 달에 4,000건을 판결할 수 있다 해도 이런 식으로 나온 대법원 판결은 하급심에서 효력을 발휘할 수 없습니다. 비슷비슷한 사건에 뉘앙스만 다른 판결이 쏟아져 나올 가능성이 높기 때문입니다. 동시에 판례집에 실을 사례를 고르기도 어려워집니다. 어느 판례가 선례로서 가치가 있는지 판단하기가 굉장히 어려워집니다.

대법원의 사건 처리

20년 전에도 이와 비슷한 문제가 있었습니다. 당시에는 매년 1만 건 정도가 대법원에 올라왔습니다. 1만 건이나 되는 사건에 상대적으로 적은 수의 판사들이 일일이 이유를 쓸 수 없어 법을 개정해달라고 국회에 입법안을 냈습니다. 법제사법위원회 법안심사소위원회의 5명이 심사를 담당했는데 2 대 2로 갈렸습니다. 최종적으로 판사 출신 위원장이 대법원에서 한 해 1만 건의 사건을 13명의 대법관이 처리하는 것은 불가능하다고 보았습니다.

이유를 쓰는 것이 무익하기에 걸러내기 위한 장치인 심리불속행도 있지만 지금은 한 해 대법원에 올라오는 사건 수만 4만 건입니다. 물리적으로 모든 대법원 사건에 이유를 쓰는 것은 불가능합니다. 그 불가능한 것을 지금 어떻게든 하고 있습니다. 이 문제를 해결하려면 판사 수를 늘리는 방법과 대법원으로 사건이 올라오지 않게 하는 방법이 있습니다. 그럼 사건을 올라오지 않게 하는 방법이 가능한지, 또 판사 수를 늘리는 것이 가능한지 각각 살펴봐야 합니다.

03

대법원 판례는
왜 중요할까

해외에서는 3심 제도를 어떻게 운영하고 있을까

미국의 경우는 연방대법원까지 올라오는 사건이 한 해에 약 7,000건 정도입니다. 그리고 그중 100건 정도만 연방대법원에서 판결하도록 허가하고 있습니다. 영국은 한 해에 200건 정도가 대법원에 올라옵니다. 영국 인구는 7,000만 명 정도로 우리나라보다 조금 많은데 대법원에 사건이 한 해에 200건밖에 올라오지 않습니다. 그리고 그 사건들 중 60건 정도를 심리합니다. 영국은 사법제도 자체가 특별하기에 이는 좀 예외적인 상황이라고 보아, 우리와 비슷한 사법체계를 지닌 독일과 일본의 사례를 살펴보았습니다.

독일 사람들은 소송을 좋아합니다. 통일 독일의 인구는 우리와 비슷하지만 조금 더 많은 7,000만 명입니다. 법관 수도 3만 명 정도 됩니다. 여러 모로 우리나라에서 참고로 살펴보기 좋은 사례입니다. 독일은 법원을 크게 만들었습니다. 법원을 크게 만든 동시에 모든 사건이 올라오지 않도록 상고허가제도 시행하고 있습니다. 일반적으로 민사사건은 한 해에 4,000건 정도이지만 상고되는 사건은 그 10퍼센트인 400건 정도 된다고 합니다. 따라서 약 150여 명의 판사가 1년에 500건만 판결합니다. 형사사건은 한 해 3,000건 정도가 대법원으로 올라오는데 이를 전부 처리하고 있습니다.

독일을 우리와 비교해보면 법관 수는 더 많고 사건 수는 더 적습니다. 그러나 독일 사례를 그대로 받아들일 수 없는 이유가 있습니다. 독일은 연방일반법원(BGH)이 상고법원입니다. 이를 대법원이라고 번역해서는

미국 연방대법원 상고 건수

구분	2014년 10월 ~ 2015년 9월	2015년 10월 ~ 2016년 9월	2016년 10월 ~ 2017년 9월	2017년 10월 ~ 2018년 9월
상고허가 신청 건수	7,033	6,475	6,305	6,315
허가 건수	75	82	71	69

대법관 수: 9명

안 됩니다. 독일은 부장판사 법관이 있고 일반 법관이 있어서 2심처럼 부를 구성해 업무를 나눴습니다. 이곳에서 각 재판부가 모든 사건을 균등하게 나누어 진행하는 것이 아니라 전문 분야에 따라 나눕니다. 지적재산을 다루는 특수 분야도 있고, 민사부 역시 부별이나 사건별로 분화되어 있습니다. 따라서 판결문을 한국처럼 많이 쓰지 않습니다.

우리나라와 비슷한 일본의 경우도 잠깐 살펴보겠습니다. 일본의 최고재판소 판결은 거의 기대를 하지 않는다는 평을 받을 정도입니다. 따라서

독일 연방일반법원(BGH) 상고 건수

구분	민사		형사	
	접수 건수	판결 (상고허가 사건)	접수 건수	처리 건수
2015년	4,378	681	2,910	2,920
2016년	4,545	648	3,042	2,941
2017년	4,127	543	3,168	3,208
2018년	4,088	463	3,156	3,007
2019년	3,776	439	3,133	3,223

연방일반법원 법관 수: 153명

최고재판소에서 항소심 재판이 파기되어 권리를 구제받는 경우는 별로 없습니다. 따라서 일본 제도를 따라가선 안 된다고 생각합니다.

또한 두 번째 방법인 판사 수를 늘리자는 주장은 변호사회와 정치권 모두에서 나오고 있습니다. 그렇다면 일하는 사람을 늘리면 문제가 해결되는지 생각해봐야 합니다. 지금 우리나라의 대법관은 13명인데 26명으로 늘리면 모든 사건을 처리할 수 있을지도 생각해봐야 합니다. 따라서 단순히 10명, 20명을 늘리는 문제로만 보아서는 안 됩니다. 판결문을 쓰려면 추가 보조 인력이 따라붙어야 합니다. 현재 대법원에는 약 120명 정도 되는 재판연구관이 있습니다. 만약 대법관이 36명으로 늘어난다면 보조 인력도 함께 늘어야 합니다. 따져보면 300명 가까운 사람이 늘어야 합니다. 판사 수는 3,000명인데 3심에 300명 이상이 배치되면 가분수가 되는 셈입니다.

독일은 전체 사건에 비하면 3심으로 올라오는 사건 비율이 굉장히 낮습니다. 그런데도 상고허가제를 통해 사건 건수를 크게 줄여 10퍼센트만 받아들입니다. 패소한 변호사는 그 이유를 알고 싶어 하기 마련입니다. 그런데 대법원에 올라오는 모든 사건에 대해 이유를 달아줄 수 있는 법조인은 극소수입니다. 1만 건 중에 반 정도는 금방 쓸 수 있다고 가정해도 1,000건 정도는 판단하기가 굉장히 어려운 사건입니다. 따라서 단순히 법관 수가 늘어난다고 해서 문제가 해결되는 것은 아닙니다. 또 많은 사건을 여러 곳에서 나눠 판결하는 것도 의미가 없습니다.

또 헌법에도 3심에서 대법관이 아닌 판사를 둘 수 있다고 되어 있으므로 일반 판사를 늘리면 되지 않느냐는 의견이 학계에서 나왔습니다. 그러나 이 주장은 국회 심의 과정에서 하루아침에 없던 이야기가 되었습니다. 대법관은 대법원장이 제청한 뒤 국회에서 동의하고 대통령이 승낙한 후에야 임명됩니다. 이에 반해 일반 판사는 대법원장이 보직을 주면 누구든 근무할 수 있습니다. 만약 마음에 들지 않는 대법관이 있다면 심복 판사 몇 사람을 붙여 그 대법관을 견제할 수 있습니다. 따라서 대통령이 여러 절차를 거쳐 어렵게 임명한 대법관이 일을 하기 어렵게 만들 수 있습니다. 일반 판사가 3심을 진행하는 것은 말이 안 된다고 봤습니다. 대법관 수를 늘리는 것도 문제가 있고, 대법관 아래 판사를 붙이는 것도 문제가 있다는 이야기입니다.

이에 궁여지책으로 상고법원을 만들자는 의견도 나왔습니다. 아예 3심 판사를 별도로 두는 법원을 만들자는 뜻입니다. 대법원도 상고심을 하는데 상고법원과의 업무는 어떻게 나눌 것인지에 대해서는 각각 업무 분담을 하면 된다는 제안입니다. 그러나 현실적으로 어떤 사건을 대법원과

◆ 상고허가제

항소심 재판이 끝난 사건의 원고 또는 피고가 상고를 희망할 때 대법원이 원심 판결 기록과 상고이유서를 토대로 상고를 허가할 것인지 아닌지를 사전에 결정하는 제도로 미국과 영국, 독일에서 이를 채택하고 있다.

상고법원으로 나눠야 하는지 구분하기는 상당히 어렵습니다. 일각에서는 형이 높은 사안을 대법원으로 보내고, 형이 낮은 사안을 상고법원에서 처리하자는 의견이 있습니다. 그러나 형이 높은 사건은 실제로 법률문제가 없는 경우가 더 많습니다. 횡령이나 배임, 행정법규 위반이 오히려 더 복잡하고 어려운 경우가 많습니다.

두 번째 문제는 상고법원에서 판결하더라도 대한민국 헌법에 따르면 명령이나 규칙, 처분이 헌법에 위반될 때는 대법원이 최종적으로 심판한다는 규정이 있습니다. 상고법원의 판결이 헌법에 위배된다고 주장하면 이 사안은 다시 대법원으로 올 수밖에 없습니다. 결과적으로 4심 제도가 됩니다. 따라서 이 주장은 말이 안 된다고 보았습니다. 그러자 변호사회에서는 상고법원도 좋지만 기본적으로 하급심이 강화된 다음에 논의할 문제라고 보았습니다. 현실적으로 대법원도 강화하고 하급심도 강화하는 것은 불가능합니다. 우선 힘을 키울 곳을 선정해야 양쪽 모두에 힘을 실어줄 수가 있습니다.

대법원을 키우기 위해 우수한 법관을 모두 대법원으로 보내면 2심이 약해집니다. 그런데 2심이 약해지면 1심도 결국 약해집니다. 지금은 한 해에 약 4만 건 정도의 사건이 대법원으로 올라가지만 1심이나 2심이 약해지면 대법원으로 사건이 몰릴 수밖에 없습니다. 지금보다 많은 5만 건 이상이 대법원에 제기되면 결국 복심법원 체제로 돌아가는 것이나 다름없습니다. 개인적으로 대법원으로 올려야 하는 사건은 최소한 항소심을 강화한 다음에 진행하는 것이 낫다고 생각합니다. 그래야 항소심에서 대법원으로 올라오는 사건들이 줄어들어 대법원에서는 법리적 논쟁이 있는 사건에 집중할 수 있게 됩니다. 이처럼 대법원에서는 크게 법리적인 논쟁이 있는 사건만 1년에 1,000건이든 500건이든 진행하는 것이 좋습니다. 실제로 독일에서는 이렇게 하고 있습니다.

법관의 일주일은 어떻게 흘러갈까

판사는 일주일에 한 번 재판을 진행합니다. 사람들은 판사들이 재판이 없는 나머지 시간에는 무엇을 하면서 지내는지 종종 질문합니다. 피아노 연주자는 한 번의 공연에 2시간 정도 연주를 선보이지만, 무대에 오르기 전에 많은 시간을 연습에 투자합니다. 재판도 마찬가지입니다. 법정에서 한 기일에 8건에서 10건의 판결을 선고하려면 나머지 시간에 많은 노력을 들여야 합니다.

일반적으로 3명의 판사가 재판하는 합의재판부 법관들의 일상을 말씀드리겠습니다. 통상 재판을 할 때 오전에 20건, 오후에 10건 정도 사건 심리를 합니다. 오후에는 증인을 신문하기도 합니다. 이러한 심리는 법정에서 이루어지고 보통 하루 정도 소요됩니다.

그리고 판결문을 작성하기 위해서는 그때까지의 기록을 다시 꼼꼼하게 읽어본 다음 결론을 도출해야 합니다. 결론을 내기 위해서는 판례와 학설을 정리하고 경우에 따라서는 해외 사례까지 살펴보기도 합니다. 주심판사는 판사들끼리 모여 합의하기 전날까지 자신이 맡은 사건의 기록을 모두 검토해 자료 준비를 마칩니다. 다음 날 합의를 진행하는데 간단한 사건이 많으면 합의가 일찍 끝날 때도 있지만 어려운 사건이 포함된 경우 합의 시간이 오래 걸리기도 합니다. 평균적으로 사건당 2시간 정도 걸립니다. 이렇게 이틀 정도를 기록 검토와 합의에 보냅니다.

이후 주심판사들은 합의가 끝난 사건의 판결문을 작성합니다. 1심 법원의 합의부는 일주일에 3건 정도의 판결문을 작성합니다. 이렇게 합의부에서 작성한 사건들에 건당 하루에서 하루 반 정도가 걸립니다. 따라서 판결문을 작성해 제출하기까지 이틀에서 사흘 정도 소요됩니다. 마지막으로 다음 날 열릴 재판에 대한 기록과 증인 신문 사항 등 심리에 도움이 될 만한 사항들을 정리하는 데 하루를 보냅니다. 이렇게 일주일이 꼬박 지나갑니다.

재판장인 부장판사의 일상은 조금 다릅니다. 부장판사의 경우, 직접 판결을 작성하지는 않지만 주심판사가 작성한 판결문을 수정하고 보충합니다. 간단해 보이지만 사실 상당히 힘든 작업입니다. 주심판사가 판결문을 일찍 완성해 가져다주면 여유 있게 사건을 검토할 수 있지만 재판 시간에 촉박하게 가져오면 결국 다음 선고 기일에 선고를 하지 못하는 경우도 생깁니다. 그 밖에도 사건이 어려운 경우여서 선고가 연기되는 경우도 있습니다.

부장판사는 주심판사들이 제출한 모든 판결문을 검토하기 때문에 업무량이 상당히 많습니다. 부장판사는 각 부에 배정된 모든 사건을 파악하고 있어야 하기에 재판 이틀 전부터는 사건의 세부사항까지 모두 파악하고 있어야 합니다. 필요에 따라서는 학설과 판례도 따로 파악해두어야 합니다. 아주 중요한 사항은 부장판사가 직접 챙기지 않으면 안 됩니다. 재판장인 부장판사도 이와 같이 매우 바쁜 시간을 보내기 때문에 일주일이 훌쩍 지나가버리기 마련입니다.

　법관의 업무는 보통 일주일 단위로 진행되기 때문에 주중에 연휴가 있더라도 휴일이 재판날이 아닌 이상 온전히 쉬기 어렵습니다. 이와 같은 일정이 1년 내내 되풀이되기 때문에 사실 정신적인 여유를 가지기 어렵습니다. 연말이나 연초 인사이동이 있을 때 잠시 숨을 돌릴 수는 있으나 새로운 재판부에 가게 되면 남아 있는 사건을 처음부터 처리하기 때문에 기록을 다시 살펴야 해서 효율성이 낮아지는 문제가 생기기도 합니다. 따라서 잦은 인사이동은 법원의 효율성을 저해하기도 합니다. 2, 3년마다 이루어지는 인사이동과 빈번한 사무 분담 변경이 초래하는 비효율성을 어떻게 해결할지에 대해서는 더 많은 고민이 필요할 듯합니다.

우리나라의 상고허가제는 실패했다

우리나라의 상고허가제는 실패했다고들 말합니다. 독일도 상고허가제를 시행하고 있는데 그 방식이 우리와는 조금 다릅니다. 독일 재판정은 판결한 항소심에서 상고허가를 합니다. 그리고 허가 신청이 기각되어 이에 불복하는 사람은 대법원에 한 번 더 심사를 청구할 수 있는 길이 있습니다. 우리나라의 경우에는 재판을 잘했어도 상고허가를 해주느냐고 말할 수 있습니다. 아마도 2심 법관이 자신의 판결에 대해 상고허가를 해주지 않을 것이므로 이런 제도는 있으나 마나라고 생각할 것 같은데 독일의 경우는 달랐습니다. 독일에서는 대법원에서 다퉈볼 만하다고 판단하면 항소법원에서 상고를 허가합니다. 그래서 허가 건수가 많아집니다.

사실 우리나라에서는 상고허가제가 도입되기 어렵습니다. 그래서 상고의 허가 여부만 담당하는 특별위원회를 고등법원 단위로 설치해 그곳에서 대법원의 업무량을 보아 당사자들을 불러 구두로 심사한 후 허가 여부를 결정해주는 것이 상고허가제를 실현하는 방안이 아닌가 싶습니다.

이를 위해서는 앞으로 5년 내지 10년간은 항소심을 강화할 필요가 있다고 봅니다. 통계를 보면 고등법원의 판결에 대한 항소율은 20년 전이나 10년 전이나 지금이나 거의 비슷합니다. 그런데 고등법원의 경우는 고등판사제도가 도입되고 판사 인력도 많이 확충되어 사건 부담이 30퍼센트 이상 줄었습니다. 그러나 지방의 경우 경력이 짧은 판사들이 항소심을 담당하는 폐단이 아직도 남아 있습니다.

최근 15년 사이에 항소율이 2배 가까이 늘었습니다. 이는 결국 대법원에 큰 부담이 되기에 해결이 필요합니다. 외국의 제도를 살피는 것도 중요하지만 재판이 잘못된 것이 법원의 잘못인지, 그 외의 요인은 없는지 살피고 개선하려는 노력이 필요합니다.

최근에 가장 유명한 재심사건이 하나 있었습니다. 바로 '삼례 나라슈퍼 사건(1999)'입니다. 전라북도 완주군의 한 슈퍼에 강도가 들어 부부와 부부의 장모를 위협하고 금품을 훔치는 과정에서 장모가 질식사한 사건이었습니다. 당시 3명이 범인으로 지목되었는데 이들은 조사 과정에서 경찰의 강압수사로 거짓 자백을 했다고 했으나 재판 도중에는 이 주장이 받아들여지지 않았습니다. 2015년 재심이 진행되는 와중에 이 사건의 진범이 자백했고, 결국 처음에 범인으로 알려졌던 3명 모두에게 무죄가 선고되었습니다.

또 〈재심〉이라는 영화의 사례로 알려진 '익산 약촌오거리 택시기사 사건'도 있습니다. 2000년 익산시 약촌오거리에서 한 택시기사가 흉기에 찔려 사망한 채 발견된 사건입니다. 이 사건의 범인으로 처음 지목된

익산 약촌오거리 택시기사 사건 재판일지

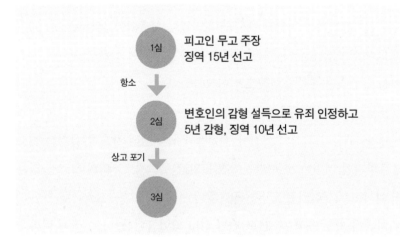

1심 — 피고인 무고 주장
징역 15년 선고

항소

2심 — 변호인의 감형 설득으로 유죄 인정하고
5년 감형, 징역 10년 선고

상고 포기

3심

청소년은 1심에서는 무고(無辜)를 주장했으나 2심에서 범행을 시인해 10년 형을 선고받았습니다. 그러나 이 사건 역시 진범이 따로 있었고, 2016년 재심을 진행해 처음 범인으로 지목된 사람은 무죄를 선고받았습니다. 이 사건들이 왜 법원에서 시정되지 않았을까 싶어 판결문을 살펴봤습니다. 1심에서는 피고인이 다퉜다고 되어 있는데 2심에서는 다투지 않았다고 되어 있습니다. 법원에서도 변호사의 변호가 이상하다고 여겨 물어본 흔적은 있습니다. 그러나 변호사는 양형부당만을 항소이유로 주장했습니다. 1심 판결에 사실인정의 오류가 있음을 주장하지 않고 형량이 부당하다고만 다투니 법원에서는 형량만 깎아주고 사건을 종결한 것입니다. 대법원까지 상고하지 않은 피고인도 있는데 이런 경우에는 심급만으로 오판을 방지하는 것에 한계가 있습니다.

이 사건의 피고인들은 약자였기에 가족들이라도 의지를 가지고 주장했으면 결과가 달라질 수도 있었습니다. 그러나 당시 진짜 범인이 누군지 모르는 상태였기에 가족들 입장에서도 무고를 주장했다가 유죄로 판결되면 형만 올라간다고 생각했을 수도 있습니다. 결국 좋은 변호사를 많이 양성해 어려운 환경에 있는 사람에게 법률적인 도움을 주는 것도 심급제 못지않게 필요합니다.

진범이 잡힌 후 사건을 다시 심리하면 사건의 처리 과정에 허점이 있었다는 것을 밝히기 쉽지만, 진범이 잡히지 않은 상태에서 무죄를 주장하며 끝까지 법정 투쟁을 이어나가기는 현실적으로 아주 어려웠을 것입니다.

04

피고인과 증인의 지위는
시대에 따라 변한다

피고인이 자신의 법리(法理)를 다투기 위해 스스로가 증인이 되어 증언하는 것이 가능할까요? 대륙법계 형사재판 절차에 익숙한 우리에게는 아주 낯선 질문입니다. 이번에는 형사재판 중 당사자주의(소송의 주도권을 소송 당사자가 가지고 원고와 피고가 서로 대립해 공격하고 방어하는 소송 형식)하에서 피고인과 증인의 관계를 따져보고자 합니다.

특히 피고인들이 공범관계에 있을 때 다른 피고인에 대해 증언을 할 수 있는지 여부에 대해서는 많은 논란이 있습니다.

대륙법과 미국법의 차이

민사재판에서는 원고와 피고가 각각 반대 의견을 가지고 재판을 진행하는 반대 당사자입니다. 그리고 이를 바탕으로 법원에서는 판결을 내립니다. 형사재판에서 검사는 보통 소추관(prosecutor, 형사소송에서 공소를 제기하고 소송을 수행하는 사람)으로 원고이고, 피고인은 변호인과 같이 방어하는 입장입니다. 대륙법계 국가에서 검사는 꼭 피고인의 반대 당사자라기보다 공익의 대표자라서 필요할 때는 피고인의 이익을 위해서도 일해야 한다고 교과서에 쓰여 있습니다.

현실적으로는 교과서대로 일한다면 검사는 판사와 구별하기 어려울

형사소송의 주도권

대륙법계	영미법계
법원이 소송의 주도권을 갖도록 하는 직권주의 (독일, 일본, 대한민국 채택)	법원이 소송의 주도권을 당사자에게 주는 당사자주의 (미국, 영국 채택)

수 있습니다. 판사는 양쪽의 말을 듣고 재판을 해야 하는데 검사가 피의자 편을 들면 심판하기가 어려울 수 있습니다. 따라서 영미식 당사자주의와 우리나라의 대륙법계주의에서 검사의 지위를 구별해야 합니다.

옛날 조선 시대의 원님 재판에는 검사도 없었습니다. 피고인을 두고 판사이자 검사인 원님이 판결을 내리면 피고인은 그대로 형을 살아야 했습니다. 이제는 검사가 소추(訴追, 소송을 수행)하면 판사가 재판을 합니다. 그런데 소추하는 검사를 대륙법계 국가에서는 피고인과 같은 위치에 있는 당사자로 취급하지 않았습니다. 왕이 형벌을 내리던 시기에는 왕이 모든 판결을 내릴 수 없으므로 판사가 왕을 대신해 형벌을 가한다고 인식했습니다. 이에 판사를 왕당파 관료로 인식한 시민들이 자신들의 대표를 뽑아 자신들의 권리를 옹호하고자 만든 직책이 검사입니다. 이처럼 판사를 감독하는 시민의 입장에서 검사의 유래를 설명하는 경우도 있습니다.

형사소송 절차가 우리나라에 처음 도입될 때 검사의 자리는 지금과 달랐습니다. 그때는 검사가 판사 옆, 즉 법대 위에 앉아 있었습니다. 판사 옆 의자에 앉는 것을 열석(列席)이라고 합니다. 피고인은 판사 앞에 앉아 있고 변호인은 피고인 옆에서 변호했습니다. 이를 직권주의 또는 규문주의(糾問主義, 법원이 스스로 소송 절차를 개시해 심리하고 재판하는 원칙)라고 해서 배심재판과는 구분합니다.

이와 달리 당사자주의를 철저히 관철하게 되면 원고와 피고는 사실상 대립 관계이므로 상대방에게 따지고 묻지 않습니다. 그러나 대륙법계 국가에서는 형사재판을 할 때 피고인이 법정에 오면 피고인 신문, 즉 사건에 대해 어떻게 생각하는지를 물어봅니다. 초기에는 판사가 먼저 물어본 다음 검사가 물어보고, 마지막으로 변호사가 물어봤습니다.

후에 미국식 당사자주의로 재판 절차의 구조가 변경되면서 검사의 자리는 법대 아래로 내려갔습니다. 검사는 법대 아래쪽이자 판사의 오른쪽에 위치하고, 변호사는 반대편인 왼쪽에 위치했습니다. 피고인은 검사와 대등하므로 검사의 맞은편, 즉 변호사 옆으로 가야 하는데 아직 거기까지는 가지 못하고 판사 앞에 앉아 있었습니다.

당시 재판은 피고인 신문을 하면서 시작되었습니다. 검사가 피고인에게 묻고 난 다음 변호사가 피고인에게 물었고, 그다음에 법원의 판사가 물어보는 방식으로 진행했습니다. 그러다 시간이 흐르면서 피고인이 변호사 옆으로 자리를 옮겼습니다. 게다가 지금은 피고인 신문도 미리 하지

재판정의 자리 변화

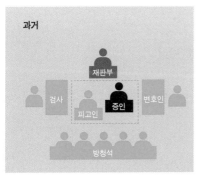
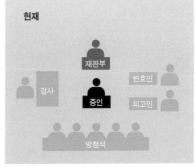

피고인과 증인의 지위는 시대에 따라 변한다 ◆

않습니다. 증거를 조사한 뒤 피고인을 신문할 수도 있고 안 할 수도 있으며 피고인은 답변을 해도 되고 안 해도 되는 진술거부권이 있습니다.

엄밀하게 따져보면 영미권 국가에는 피고인 신문이 없습니다. 피고인은 답변할 의무가 없으므로 검사 역시 묻지 않습니다. 피고인이 범죄를 시인하는 경우는 사실 여부를 조사할 필요 없이 곧바로 판사가 형량을 정해 선고합니다.

수사 단계에서부터 우리는 피고인 신문을 합니다. 그런데 검사나 수사기관과 피고인이 대등한 경우, 어느 한쪽에서 상대방을 불러다놓고 따지고 묻는 것은 대등한 당사자 구조에 어긋나는 것이라고 보아 영미권 국가에서는 피의자 신문을 인정하지 않습니다. 피의자 조서도 작성하지 않습니다. 그 대신 피의자를 체포한 다음 변호사 입회하에 판사 앞에서 보석 조건을 확인합니다.

우리나라에서는 해방 후 미군정 시기에 형사소송법이 처음 도입되었습니다. 일제강점기에 일본 경찰에 의한 인권유린 사건이 많았기 때문에 이를 막기 위해 사법경찰관이 작성한 피의자 신문조서는 피고인이 부인하면 증거능력이 없는 것으로 형사소송법을 개정했습니다. 이를 두고 당시 경찰 측에서 반발이 컸습니다. 그래서 그 대신 검사가 작성한 피의자 신문조서는 증거능력이 있다고 보았습니다. 경찰에서는 증거능력도 없는데 조서를 작성하는 것은 의미가 없다고 보아 이 방식에 반발했습니다.

제도가 크게 변하면 형사사건을 처리하기 어려우므로 피의자 신문을 하되 진술하는 대로 적는 건 괜찮다고 보아 경찰의 조서 작성 권한은 인정했습니다. 앞에서 설명한 '익산 약촌오거리 택시기사 사건'이나 '삼례 나라슈퍼 사건'에도 조서가 있었습니다. 그런데 실은 이 조서는 현장에도 가지 않은 채 작성된 것이었습니다. 차라리 제대로 기억해내지 못해 말이 달라진 것이라면 이해하겠는데 현장에 한 번도 가본 적 없는 사람이 말한 내용을 바탕으로 조서가 작성되었다는 것을 후에 알게 되었습니다. 당시 검사와 판사들이 이 조서의 내용이 진짜인지 가짜인지 확인하기 위해 현장까지 가서 이 조서와 맞춰보는 코미디 같은 일이 일어났습니다. 따라서 조서가 반드시 진실 발견에 도움이 되는 것은 아니고 오히려 해친다고 보는 '조서재판의 폐단'도 있습니다.

최근에는 국민들의 시각도 달라졌고 법도 이에 맞춰 개정되었습니다. 검사가 작성한 피의자 신문조서도 원칙적으로는 증거능력이 없는 것으로 개정되었습니다. 오죽하면 조서라는 단어에 따라오는 동사는 '꾸민다'입니다. 물론 조서를 요령 있게 써야 할 필요성은 있지만, 꾸민다는 말에는 부정적인 의미가 함축되어 있는 것 같습니다.

피의자 신문조서가 원칙적으로 증거능력이 없어지게 된다면 굳이 피의자를 불러 신문조서를 작성할 필요가 있을까 하는 의문이 듭니다. 특히 언론의 포토라인 설정 등 인격권 침해 문제를 생각하면 진술거부권을 명시적으로 행사하는 피의자를 억지로 소환해 신문조서를 작성할 필요가 있을까 하는 생각도 듭니다.

• 검사 또는 사법경찰관의 신문조서

형사소송법 제312조

1. 검사가 작성한 피의자 신문조서는 적법한 절차와 방식에 따라 작성된 것으로서 공판준비, 공판기일에 그 피의자였던 피고인 또는 변호인이 그 내용을 인정할 때에 한정하여 증거로 할 수 있다.

2. 삭제

3. 검사 이외의 수사기관이 작성한 피의자 신문조서는 적법한 절차와 방식에 따라 작성된 것으로서 공판준비 또는 공판기일에 그 피의자였던 피고인 또는 변호인이 그 내용을 인정할 때에 한하여 증거로 할 수 있다.

4. 검사 또는 사법경찰관이 피고인이 아닌 자의 진술을 기재한 조서는 적법한 절차와 방식에 따라 작성된 것으로서 그 조서가 검사 또는 사법경찰관 앞에서 진술한 내용과 동일하게 기재되어 있음이 원진술자의 공판준비 또는 공판기일에서의 진술이나 영상녹화물 또는 그 밖의 객관적인 방법에 의하여 증명되고, 피고인 또는 변호인이 공판준비 또는 공판기일에 그 기재 내용에 관하여 원진술자를 신문할 수 있었던 때에는 증거로 할 수 있다. 다만, 그 조서에 기재된 진술이 특히 신빙할 수 있는 상태하에서 행하여졌음이 증명된 때에 한한다.

5. 제1항부터 제4항까지의 규정은 피고인 또는 피고인이 아닌 자가 수사과정에서 작성한 진술서에 관하여 준용한다.

6. 검사 또는 사법경찰관이 검증의 결과를 기재한 조서는 적법한 절차와 방식에 따라 작성된 것으로서 공판준비 또는 공판기일에서의 작성자의 진술에 따라 그 성립의 진정함이 증명된 때에는 증거로 할 수 있다.

재판에서는 목격자나 제삼자가 증인으로 진술을 합니다. 이 목격자를 두고도 독일을 포함한 대륙법계 국가와 영미법계 국가의 생각은 완전히 다릅니다. 증인은 자신이 목격한 것을 증언하는 사람인 동시에 당사자가 아닌 사람으로서 사건을 목격한 사람, 즉 제삼자가 되어야 합니다. 영미권에서는 목격한 사람 전체를 증인으로 봅니다. 피고인 역시 사건을 목격했으므로 증인이 될 수 있습니다.

소송 절차 과정에서 재판받는 사람이 한 사람일 수도 있지만 다른 사람과 같이 재판받는 경우도 있습니다. 공동피고인으로 재판을 받을 경우, 대륙법계 국가에서는 공동피고인은 자신과는 관련이 없더라도 증인이 될 수 없습니다. 이와 같은 문제를 해결하기 위해 절차적으로 다른 피고인의 사건은 변론을 분리합니다. 변론을 분리하면 공동피고인이더라도 다른 사건에서는 피고인이 아니므로 증인으로 가서 증언을 하고, 또 증언이 끝나면 증인 신문조서를 작성한 다음 다시 공동피고인 재판을 진행합니다. 독일에서는 이렇게 절차를 분리해서 해결하는데, 영미권에서는 자신의 사건에서도 증인이 될 수 있으므로 이런 절차를 거칠 필요가 없습니다.

위험을 무릅써야 하는 부분도 있습니다. 사건 당사자가 증인이 되는 순간 선서를 합니다. 선서를 한 다음에 거짓 증언을 하면 위증죄로 처벌받습니다. 우리나라는 피고인 신분일 경우 거짓말을 해도 죄가 성립되지 않지만 영미법계 국가에서는 피고인이 증인으로서 거짓말을 하면 위증으로 처벌받습니다. 영미권에서는 피고인이 진술거부권을 포기하고 증언을 하겠다고 하면 위증은 불가능합니다. 미국 영화에서 한 사건의 진실을 밝히고자 하지만 그 진실을 밝히는 순간 다른 죄가 드러날 수도 있다는 걸 안 주인공이 딜레마에 빠지는 경우가 있습니다. 죄가 되는지 여부는 배심원이 판단할 문제이므로 변호사와 상의해서 차라리 증인이 되지 않는 쪽을 택하기도 합니다. 이처럼 피고인과 증인을 보는 입장이 나라마다 다릅니다.

증인은 사건 현장을 목격하고 그에 대해 이야기하는 사람입니다. 수사 단계에서는 증인이 아닌 참고인 자격으로 사건의 정보를 확인하게 되고, 그가 법정에 서면 증인이라고 호칭합니다. 증인의 증언이 거짓말로 판명 나더라도 그가 거짓된 정보를 진실로 알고 있었다면 이는 위증이 아닙니다. 그러나 진실을 알면서도 거짓으로 진술하면 위증죄로 처벌받습니다.

참고인이 거짓말을 했다는 것을 알게 되면 수사기관 담당자 입장에서는 그 거짓말한 증인이 미울 수밖에 없습니다. 그러나 참고인은 선서를 한 증인이 아니므로 위증죄로 처벌받지는 않습니다. 그렇다면 이 경우 공무집행 방해 여부가 논란이 될 수 있습니다. 판례로는 수사기관이나 법원에 와서 거짓말을 하더라도 사실 여부는 수사기관이 판단해야 하기 때문에 정보를 제대로 파악하지 못한 수사기관의 잘못이라고 보았습니다. 따라서 이 경우에는 공무집행 방해죄가 성립하지 않았습니다. 물론 증거가 되는 서류를 날조해 허위로 이야기하면 공무집행 방해가 되지만 거짓말 자체는 공무집행 방해가 아니라고 해설하고 있습니다.

증인을 참고인으로 불러 당시 상황을 목격한 대로 서면으로 작성해 보관한 다음, 재판이 시작되면 그 자료를 법원에 증거로 냅니다. 법원에서는 이 자료를 바탕으로 재판에서 피고인에게 사실 여부를 확인하는 과정을 거칩니다. 만약 피고인이 그 사건을 시인해 직접적인 이해관계가 없는 경우 참고인의 진술조서를 인정할 수 있습니다. 이 경우에는 참고인이 법정에서 선서하고 증언할 필요가 없지만 피고인이 그 내용과 이해관계가 있는 경우에는 증인으로 출석해야 합니다.

여기서 문제가 많이 발생합니다. 참고인을 증인으로 부르면 재판에 오지 않는 경우가 많습니다. 그렇다면 검사가 증거로 제출한 서면 자료를 증거로 쓸 수 있는지 여부가 문제가 됩니다. 피고인은 참고인을 법정에서 대면해 참고인이 수사기관에서 한 진술이 허위인지 아닌지 따져 물어볼 권리가 있습니다. 이를 법적으로는 반대신문권(反對訊問權, 피고인이 증인을 신문함으로써 자신에게 유리한 증언을 얻기 위한 권리)이라고 합니다. 반대신문을 거치지 않은 서면은 증거로 사용할 수가 없습니다. 예외적으로 반대신문을 할 수 없는 경우도 있습니다. 서면 작성자가 사망한 경우에는 판사가 서면 내용을 보아 증거로 사용할 수도 있습니다. 옛날에는 소재 불명, 해외 거주와 같은 사유를 대면 그 예외를 많이 인정해주었지만 요즘은 예외가 거의 인정되지 않습니다.

증인이 수사기관에서 한 얘기와 다른 내용을 법정에서 말하면 사전조사를 했던 검사나 수사기관의 담당자가 당황하는 경우도 생깁니다. 그럴 때에는 증인이 법정에서 왜 말을 바꾸었는지를 따져보게 됩니다. 처음에 알았던 내용이 바뀌었을 수도 있고, 지난번에 사실을 말했지만 피고인 앞에서는 진실을 모두 이야기하기 어려워 반대로 말하는 경우도 있습니다. 진술의 진위 여부는 판사가 한 번 더 따져봐야 합니다.

증거능력은 증거로 사용할 수 있는지 자격 여부를 따지는 것이기 때문에 자격이 안 되는 증거라면 그 내용이 사실이라 하더라도 증거로 사용할 수 없습니다. 예를 들어, 고문으로 자백을 받았다면 이는 자백하지 않은 것과 같다고 봅니다. 이처럼 증거의 세계에서 제외하는 것을 '증거능력이 없다'고 합니다. 범인을 놓치더라도 민주적으로 절차를 진행하지 않고 법에 어긋나게 진행하는 것을 막기 위한 방법으로, 이는 우리 모두를 위한 것입니다.

일반인이 판결을 내릴 수 있을까

최근에 형사재판을 하면서 재판 절차가 많이 발전했다는 것을 느꼈습니다. 우리나라는 일제강점기에서 해방된 직후 미군정이 들어왔고, 이 시기에 재판 절차를 배심원제로 바꾸고자 했습니다. 대륙법계 국가에서는 재판은 판사의 영역이므로 일반인이 재판을 한다는 생각을 하지 않습니다. 우리나라 역시 일반인이 재판에 참여했던 역사가 없어 배심재판이 익숙하지 않습니다.

영미권 국가는 재판 과정이 우리나라와 좀 다릅니다. 일반인이 재판에 적극적으로 참여합니다. 재판에 참여하는 것 역시 주권을 행사하는 것으로, 주권자인 다양한 계층의 일반인이 모여 판단해야 한다고 봅니다. 영미권의 배심원 제도는 한 번에 훌륭한 판사 수천 명을 구할 수는 없지만 다양한 의견을 지닌 일반인들이 모여 집단지성으로 결과를 판단하는 것이 더 낫다고 생각한 것입니다. 형사재판에서는 "열 사람의 범인을 놓치더라도 한 사람의 억울한 사람이 생기게 해서는 안 된다"는 말이 있습니다. 그렇다면 어느 쪽이 오판의 위험이 적을지 생각해보게 됩니다.

영미권 국가에서는 배심제를 유지하고 있고 독일에서도 형사재판의 경우 참심재판을 통해 일반인이 재판에 참여합니다. 우리나라의 재판 제도 역시 참심재판 등을 포함하는 방향으로 수정되어야 하지 않을까 생각합니다. 사회 경험이 적은 판사들이 조서만 보고 판결한 것이 과연 옳은 것이냐는 비판이 많습니다. 다만 이제는 경력이 있는 사람을 법관으로 임명하고 있으므로 앞으로 개선될 것이고, 또 다양한 방식을 도입해 재판을 더 나아지게 만들어야 하지 않을까 생각합니다.

형사재판도 변하고 있다

CCTV나 블랙박스가 없던 시절에는 교통사고의 과실 여부에 대한 판단이 매우 까다로웠습니다. 중앙선 침범 사고가 나면 어느 쪽이 중앙선을 먼저 침범했는지 확인하기 위해 스키드마크 등을 확인했습니다. 그러나 도로 위의 타이어 자국이 어느 차의 스키드마크인지, 얼마나 빠른 속도로 주행했는지에 대한 객관적인 자료를 정확하게 파악하기가 어려웠습니다. 전문가마다 의견이 다른 경우도 있었습니다. 그러나 지금은 블랙박스와 같은 기술이 발전해서 이런 시비가 거의 해결됩니다. 뺑소니도 마찬가지입니다. 예전에는 뺑소니 사고가 나면 범인을 거의 못 잡았습니다. 그런데 지금은 뺑소니 사건의 피의자들도 거의 잡힙니다.

그래서 재심사건도 다시 바라보게 됩니다. 1980년대에 진범을 오인했던 유명한 사건이 하나 있습니다. 1981년에 일어난 경주 당구장 여주인 피살 사건이 그렇습니다. 이는 대표적인 수사 실패 사례로 꼽힙니다. 1981년 1월, 경주시의 한 당구장에서 30대 당구장 주인이 금품을 빼앗긴 채 사망했습니다. 수사 후에 검찰은 주인과 잘 아는 한 경찰관을 범인으로 지목했습니다. 그런데 그 경찰관의 증언대로라면 이동 시간이 당구장 주인의 사망 시간과 빠듯하게 맞았습니다. 사건을 재현해보니 이 시간에 이동하는 것이 가능하기도 하고 불가능하기도 해 애매하게 보였지만 1심에서는 경찰관이 형을 선고받았습니다. 그러나 이 사건은 몇 년 뒤에 진범이 잡혔습니다.

옛날에는 이처럼 정보가 부족해서 엉뚱한 사람을 범인으로 지목하거나 강압이나 고문에 못 이겨 없는 죄를 자백하는 경우가 많았습니다. 당시에는 몇 안 되는 과학적인 증거만을 바탕으로 추리를 하다 보니 당시 억울하게 형을 살게 된 사람들이 재심을 청구하는 일이 종종 있습니다.

형사재판 절차를 진행하는 과정에서는 조서를 작성하는 데 많은 인력과 시간이 듭니다. 따라서 좀 더 간단한 방식으로 진행해, 경찰의 과중한 조서 작성 업무를 덜어줄 필요가 있습니다. 또 피고인이 죄를 자백하면 사건을 좀 더 간단하게 종결지어, 해결되지 않은 복잡한 사건에 인력과 시간을 집중하면 형사재판이 더 좋은 제도로 정착하지 않을까 생각합니다.

완벽한 제도는 없다

100퍼센트 완벽한 제도는 없습니다. 항소권을 보장해준 다음에는 항소가 자꾸 늘어나고, 항소가 늘어나니 법관이 부족하다 합니다. 항소권을 완벽하게 보장하기 위해 모든 인력을 항소권에 쏟아부으면 오히려 그 돈이 아깝다고 생각할 수도 있습니다.

우리나라에는 약식제도가 있습니다. 벌금형은 약식으로 서류 재판을 하고 벌금 고지서를 보냅니다. 피고인이 승복하지 않고 정식재판을 청구하면 그때 1심을 시작합니다. 전에는 약식명령을 청구하면 처음에 제시된 벌금보다 더 높이 책정될 가능성도 있었습니다. 정식재판을 청구하면 약식명령 때 받은 벌금 100만 원보다 높아져 200만 원이 될 수도 있고, 경우에 따라 집행유예나 실형을 살게 될 가능성도 아주 낮지만 있었습니다. 그래서 혹 떼러 갔다 혹 붙일 수 있겠다 싶었던 사람들이 정식재판을 신청하지 않는 경우도 많았습니다.

그런데 상소심에서 상소인에게 불리하게 판결을 변경하는 것을 금지하는 원칙인 불이익 변경금지원칙을 약식명령에도 적용하게 되자 정식재판 청구가 굉장히 많아졌습니다. 정식재판 청구사건을 처리하려다 보니 더 많은 인력이 필요했고 몇 년 지나자 이 제도에 인적자원 낭비가 심하다고 보아 후에 제도를 고쳤습니다. 다른 형으로 변경할 수 없게 하는 대신 벌금은 올릴 수 있도록 고쳤습니다.

이제 우리는 간단한 형사사건을 간략하게 처리하는 동시에 중대한 범죄에 역량을 집중해야 한다고 생각합니다. 형사재판에서 살인이나 성범죄는 무척 위중한 사항인데 우리나라에서는 이런 범죄를 크게 다루지 않는 편입니다. 외국에서는 살인사건에 가장 우수한 인력을 배치하고 베테랑 검사가 선임됩니다. 반대로 우리나라는 초임 수사관, 초임 검사가 강력범죄를 맡는 경향이 있습니다. 우리나라는 정치적인 사건에 관심이 높아 인력도 정치적인 사안에 모입니다. 정치 사건에 인력이 몰리면 민생 치안이 허술해집니다.

하늘에서 뚝 떨어지는 좋은 제도는 없습니다. 제도 개선에 국민들이 많은 관심을 두고 있다는 것을 항상 보여주면 제도가 좀 더 나은 방향으로 발전할 수 있습니다. 더 많은 사람들이 법에 대해 더 많이 논의하게 되면 작은 발전의 계기들이 많이 생길 것입니다. 이를 바탕으로 법이 더 좋은 방향으로 개선되기를 바랍니다.

EBS 클래스ⓔ 시리즈 17

슬기로운 생활법률

1판 1쇄 발행 2021년 7월 20일
1판 5쇄 발행 2024년 7월 10일

지은이 박일환
펴낸이 김유열
디지털학교교육본부장 유규오 | **출판국장** 이상호 | **교재기획부장** 박혜숙
교재기획부 장효순 | **북매니저** 박민주
책임편집 이승희 | **디자인** 이경란 박정민 | **인쇄** 애드그린인쇄

펴낸곳 한국교육방송공사(EBS) | **출판신고** 2001년 1월 8일 제2017-000193호
주소 경기도 고양시 일산동구 한류월드로 281
대표전화 1588-1580
홈페이지 www.ebs.co.kr | **전자우편** ebsbooks@ebs.co.kr

ⓒ 2021, 박일환

ISBN 978-89-547-5897-0 04300
      978-89-547-5388-3 (세트)